極《エッセンシャル》アウトプット

「伝える力」で人生が決まる

樺沢紫苑

小学館
Youth
Books

はじめに

「自分の気持ちをうまく表現できない」

「人前で話すのが苦手」

「友だちから嫌われたくない」

「会話が苦手な自分の性格を変えたい」

私はYouTubeで「精神科医・樺沢紫苑《かばさわしおん》の樺チャンネル」を開設していますが、そこには毎日、たくさんの相談が寄せられます。最近は特に若い世代から、このような人間関係やコミュニケーションの相談を受けることが増えています。

また、「一生懸命、勉強しているのに成績が上がらない」「効率的な勉強法を知りたい」という相談もよく受けます。

人間関係の悩みや勉強、進学への不安は、学校生活の中でも大きなウェイトを占めますから、多くの人が悩むのも当然です。

多くの人が直面している、こうした悩みや不安。実は、これらをすべて解決できる究極の方法があります。

それが「アウトプット」です。


たとえば、あなたがどんなに「優しい性格」であっても、何もしゃべらず、態度にも出さないとしたならば、あなたの「優しさ」は他の人には伝わりません。

自分の思いや考えを「形」にして、きちんと相手に伝える力。

それがアウトプット力です。

また、何度も教科書を読んだり、英単語帳をくり返し見て必死で覚えているのに、しばらくするとすぐに忘れてしまいます。1〜2か月後の試験のために集中して必死で準備しているのに、すぐに忘れてしまう。覚えては忘れ、覚えては忘れる。そんなことをくり返していたら、成績が伸びないのは当たり前です。

でも、得た知識を「使う（外に出す＝アウトプット）」ことによって、知識を「長期記憶」として保存し、自分の能力を最大化することができるのです。これがアウトプットの力です。

アウトプットとは、「話す」「書く」「行動する」こと。脳にある情報を外に出し、人に伝えることです。

本を読むなどのインプット（情報を頭の中に入れる）をすれば、いったんは知識や情報が豊かになりますが、たとえいい本を100冊読んでも、その内容を誰にも話さず、感想も書かず、あるいは内容から学んだことを実践しなければ、現実は何も変わりません。

また、あなたがどんなに素晴らしいアイデアを持っていても、心の中だけにとどめている限り、誰もそれを理解できないし、評価されることもありません。

どんなにインプットをがんばってもアウトプットをしなければ、あなたを取り巻く現実世界は何一つ変わらず、自己成長もできないのです。

しかしながら、世の中にはインプット中心の学びをしている人がほとんどです。

私が調べた限り、約9割のビジネスパーソンがインプット中心の学びや働き方をしています。つまり、ほとんどの人が効率の悪い学びや仕事をしている、ということ。
最近では、学校教育の場でアクティブ・ラーニング（能動的学習）というアウトプット型の学びも一部取り入れられるようになりましたが、多くの学校ではいまだにインプット中心の授業が行われています。

前述のように、記憶力は入力と出力のサイクルを回すことによって強化されるため、インプット型の学びだけをしていたら、インプットが記憶として定着しない。「一生懸命勉強しても成績が上がらない」のは当然です。

あなたががんばっているのに成長できない原因は、インプット中心の勉強法やインプット中心の生活にあるのです。

大人でも「インプット中心の学習」をしている人がほとんどですが、もし仮に10代から「アウトプット中心の学習」ができたらどうでしょう？　社会人になったときに、計り知れないほど大きな差がつくことは間違いないでしょう。

これは、圧倒的なチャンスです。

アウトプットは、始めるのが早ければ早いほど、効果があります。

もちろん、アウトプットのトレーニングはやればやった分だけ伸びますし、いつから始めても効果はあります。何歳からでも絶対にやった方がいいのですが、10代から始める人は、20代から始める人と比べて、マラソン競技で100メートル先からスタートするくらい有利だと思います。

アウトプット型の読書法で本を読めば、物事の深い部分まで理解できるようになり、同じ一冊の本を読んでも何倍もの知識と情報を得られるようになります。記憶にもしっかり残ります。アウトプット型の読書法で読めば、10年前に読んだ本の内容をしっかりと覚えていますが、ただ読むだけのインプット型の読書では3か月で内容を忘れます。

また、アウトプット型の勉強をしていると脳が活性化され、勉強が圧倒的にはかどるため、勉強が楽しくなります。

さらに、自分の考えをまとめて、人前でも堂々と発表できるようになります。

自分の個性をいかし、人とうまくコミュニケーションをとれるようになる。

アウトプット力の強化は大人になってからでもできますが、10代の頃からこうした効果を感じることができれば、人生に対して前向きになり、自分の将来に無限の可能性を感じられるようになるでしょう。

自己紹介が遅れました。私は精神科医の樺沢紫苑と申します。

日本人のメンタル疾患と自殺者を減らしたい。情報発信を通してメンタル疾患を予防するというビジョンのもと、これまでに合計34冊の本を出版しています。たとえば、60万部超の大ベストセラーとなった『アウトプット大全』（サンクチュアリ出版）をはじめとして、累計で160万部にもなります。

また、15年間毎日メールマガジンを発行し、10年間Facebookを毎日更新し、7年間YouTubeで動画を毎日更新するなど、インターネット媒体を駆使して、（フォロワー数で）50万人以上の人たちに、精神医学や心理学、脳科学などの情報をわかりやすく発信しています。

自称、「日本一アウトプットをする精神科医」。その結果、50歳を超えた今も、毎日、圧倒的な自己成長を実感しています。

しかし、私は四六時中、仕事ばかりしているわけではありません。

むしろ、年間100本の映画鑑賞、200冊以上の読書、週5回の運動（ジムのトレーニング、武術）、年間6週間以上の旅行など、遊びや趣味に多くの時間を費やし、一般的なサラリーマンに比べて「3倍以上の時間は遊んでいる」自負があります。


なぜ私がこうした生活ができるかといえば、アウトプット術を駆使してインプットとアウトプットのバランスを整え、仕事の効率と自己成長のスピードを最大化しているからです。

人生は、どんなアウトプットをするかによって大きく変わってきます。

まずは、インプット重視からアウトプット重視の生活に切り替えることによって、自己成長のスピードは一気に加速していきます。


こうした私の膨大なアウトプット体験から導かれたアウトプットのノウハウについ

ては、『アウトプット大全』に書きましたが、今回、10代のみなさんにもしっかりと理解できるように、さらにわかりやすくかみ砕いてお伝えするのが、本書『極《エッセンシャル》アウトプット』です。

『アウトプット大全』では十分に述べていない、受験勉強や毎日の勉強にすぐに役立つ、記憶力を強化するアウトプット法。10代のみなさんの最大関心時でもある「友だちとのコミュニケーション」に役立つアウトプット術をたくさん盛り込みました。

「日本で最もわかりやすいアウトプットの本」になったはずです。

第1章では、アウトプットにはどんな効果、メリットがあるのか。

第2章では、コミュニケーション能力を伸ばす方法。

そして、第3章からは「話す」、第4章では「書く」、第5章では「行動する」の具体的な方法について、それぞれお伝えしていきます。

これからのＡＩ（人工知能）時代、計算や記憶といった「インプット能力」においては、ＡＩには全く太刀打ちできません。０（ゼロ）を１（イチ）にする。独創的なアイデアを生み出し、それを言語化して人に伝えていく。

「話す」「書く」「行動する」を駆使して、人とつながり、人を動かしていく。そうした「アウトプット力」の有無が、ＡＩ時代を生き残れるかどうかの鍵となります。

あなたの人生を大きく左右する「アウトプット力」。あなたに無限の可能性を与えてくれる「アウトプット力」を、本書を通じて身につけてください。

極《エッセンシャル》アウトプット 「伝える力」で人生が決まる ● 目次

第1章

アウトプットって何だろう

インプットとアウトプットとは？

第1章では、アウトプットとはどういうものか、そしてどのような効果・メリットがあるのかについてお話しします。

その前に、そもそもアウトプットとインプットとは、何なのでしょうか。

「はじめに」でも簡単にご紹介しましたが、インプットとは、情報を外部から自分の中に「入力」すること。一言で言うと、「読む」「聞く」「見る」です。本を読んだり、人の話を聞いたりすることです。学生なら、授業を受ける、先生や友だちの話を聞く、テレビや映画を観る、教科書や本を読むなどがそれにあたります。

一方、**アウトプットとは、入ってきた情報を脳の中で処理し、外の世界に「出力」すること。一言で言うと、「話す」「書く」「行動する」です。**

学生であれば、友人と話す、授業の板書をノートにとる、ノートをまとめる、作文を書く、読書感想文を書く、自分の思いや考えを発表する、問題集を解く、テストを受ける、友だちと教え合う、などがアウトプットにあたります。

もしかしたら、アウトプットといわれると、何だか難しいものというイメージを持っていた方も多いと思いますが、そんなことはありません。毎日、私たちはみな、なんらかのアウトプットをしているのです。

たとえば、昨日観たテレビ番組の内容を人に話すのも、立派なアウトプットです。その番組を観たことによって、あなたの脳内には情報や知識が増えたはずですが、それだけではインプットです。インプットだけで終わってしまうと、現実には何の変化も起きていません。

でも、その番組を観ていない友だちに、どんな内容で、何が面白かったのかを教えてあげれば、相手も喜ぶでしょう。自分自身も、話す行為によって情報が整理され、記憶が強化されます。面白かった記憶もよみがえって、「楽しい」を再体験できます。

このように、**「話す」「書く」「行動する」ことによって、現実世界に影響を与えることが「アウトプット」です。**

一般的には、本をたくさん読めばたくさんの知識を身につけることができ、自己成長できるといわれています。

しかし、その知識が定着していなければ、どうでしょうか。あなたは、3年前に読んだ本を一冊取り出して、内容を説明することができるでしょうか？

もしも説明できないとすれば、記憶に定着していない、つまりせっかくインプットした学びが、何の役にも立っていないということです。

本当に大事なのは、得た知識を「使う」ことによって、記憶として定着させているかどうか。さらに行動することで、現実の世界を変えていけるかどうかです。

大事なのは、インプットの量よりも、アウトプットの量なのです。

基本法則1 運動性記憶は忘れにくい

インプットとアウトプットの大きな違いの一つは、**アウトプットは「運動」である**ということです。

たとえば教科書の内容を覚えるとき、インプット型の勉強法の代表的なものは、普通に「教科書を読む」ことです。

読んで覚えることは、関連性がないもの同士を記憶するので「意味記憶」に相当します。この意味記憶は「覚えにくい」「忘れやすい」という特徴があります。覚えるのに時間がかかる割に忘れやすいわけですから、ものすごく効率が悪いのです。

一方、アウトプット型の勉強法は「教科書を音読する」「ノートに書いてまとめる」「(英単語などを)ひたすら書く」「問題を解く」「友だちと教え合う」などになりますが、これらの場合、手や口の運動神経を使います。

運動神経を使った記憶は「運動性記憶」となりますが、この運動性記憶には「極めて忘れにくい」という特徴があります。

たとえば、「自転車に乗る」のは、典型的な運動性記憶ですが、３年ぶりに自転車に乗ったら乗り方を忘れていた、という人はいないはずです。

筋肉を動かすと、その運動刺激は小脳を経て海馬《かいば》という部位を経由し、大脳連合野という領域に蓄積されます。小脳を経由するために経路が複雑になり、多くの神経細胞が活性化します。

そのため、**「書いて覚える」「声に出して覚える」ようにするだけで、運動性記憶として記憶することができる。つまり、圧倒的に忘れづらくすることができるのです。**

特に、手の筋肉を使う「書く」作業は、運動性記憶を強化するので、ものすごく記憶に残りやすくなります。

「面白い」「興味深い」という意味の英単語、〝interesting〟を書くとき、いちいち綴りを思い出さなくても勝手に手が動きますよね。これが、運動性記憶です。

基本法則2　繰り返し使う情報は長期記憶される

記憶の仕組みに関して、もう一つ重要なことがあります。

人間の脳には、「使う情報」は保存され、「使わない情報」は捨てられる、というルールがあるのです。

たとえば、皆さんは1か月前の今日、お昼ご飯に何を食べたか覚えていますか？

きっと、ほとんどの人は覚えていないでしょう。

それは使われない情報だからです。

私たち人間の脳には、毎日、膨大な情報が入ってきます。それを全部覚えていると脳はパンクしてしまいます。しかし、脳は非常に合理的に作られているので、「重要な情報」を長期記憶として残し、「重要ではない情報」は忘れるようにできているのです。

では、重要な情報とは何でしょう。

「何度も繰り返し使われる情報」が、重要な情報です。

２週間に３度以上使われた情報が「重要な情報」で、ほとんど使われなかった情報は「重要でない情報」です。

脳に入力された情報は２〜４週間、脳の中の海馬という部位に仮置きされます。海馬は、いわば記憶の仮の保存場所です。

その２〜４週の間に、その情報が何度も使われると、脳は「重要な情報」と判断し、側頭葉《そくとうよう》という部位に移します。側頭葉は脳の金庫のような場所で、ここに移された記憶は、忘れにくい長期記憶として保存されるのです。

大まかな目安としては、**情報を入力してから2週間以内に3回程度アウトプットすれば、長期記憶として残りやすくなる、**といわれています。

その反対に、一度聞いただけ、一度見ただけの情報は「重要ではない情報」と捉えられ、すぐに忘れてしまうのです。


それでも、教科書を1回読んだだけで覚えてしまう、という人がたまにいます。

学生時代、私の周りにもそんな人がいて「この人は、いったいどんな頭脳をしているのか」と不思議に思っていましたが、そういう天才的な人は例外です。

通常であれば、英単語を覚えたら数日後に復習し、さらに数日後にもう1回復習して、というように、2〜3回復習してやっと覚えられるというのが、多くの人の実感ではないでしょうか。

脳がそういう仕組みになっているからです。

何度も使う情報は記憶され、使わない情報は捨てられる。

ですから、教科書を1回読んだだけで覚えられるということは滅多にありません。それは私も同じです。私は昔から特別に記憶力がよかったというわけではなく、学生の頃は、むしろ記憶に関しては苦労していました。

ですから、それを克服するための勉強法を試行錯誤しながら工夫してきたのです。その結果たどりついたのが、本書でお伝えするアウトプットを最大限に活用する勉強法でした。

知識を詰め込むだけではなく、詰め込んだ知識を繰り返し使うことによって、記憶は強化され、現実に生かすことができるのです。

記憶したいことは、最低でも「2週間以内に3回、書いて復習する」。そうすれば、試験のときにすんなり思い出せるのです。

基本法則3　インプットとアウトプットの理想は３：７

でも、実際にはインプット中心の勉強ばかりが行われています。

たとえば、大学生を対象に「インプットの時間（教科書を読む）」と「アウトプットの時間（問題を解く）」をそれぞれどの程度使っているかを調べた研究があります。それによると、インプットとアウトプットの平均的な比率は、「7対3」でした。問題集を解く時間よりも、教科書を読む時間が2倍以上も長い。インプット中心の勉強をしている人が多い。あなたも、そうではありませんか？

しかし、コロンビア大学の心理学者アーサー・ゲイツ博士が行った実験によれば、もっとも記憶に効果の出るインプットとアウトプットの比率は「3対7」だというのです。

それはこんな実験です。小学3年から中学2年までの100人以上の子どもたちに、「人名年鑑」に書かれた人物プロフィールを9分で覚えるように指示します。

その9分間を、プロフィールを覚える（読む）インプットの時間と、声を出して練習するアウトプットの時間に分けて、その時間配分をグループごとに変えて結果を検証しました。

すると、全グループの中でもっとも高い結果を出したのは、約４割の時間を覚えるためのインプットに費やしたグループでした。

年長のグループに限ると、覚える時間はもっと少なくて済むようになり、約３割の時間のみをインプットに当て、あとはすべてアウトプットに時間を使ったグループがもっとも高い得点を取ったのです。

つまり、小学生くらいでは６割、中学生くらいでは７割の時間をアウトプットの時間に使ったとき、もっとも記憶力がよくなった、ということです。

ですから、**10代以降はインプットに費やす時間は３割にして、７割の時間をアウトプットに使うのが、もっとも効果的な勉強法といえます。**

たとえば、教科書を20分読んだら、40分は問題集を解くとか、ノートをまとめる、手を動かして書くための時間に使うということです。

とにかく「情報を使う（外に出す）時間」を増やすということです。

たとえば、学んだ内容を誰かに話す、ノートに書き出す、問題を解く。この他にも、いろいろな方法があります。

一例として、「APPLE」という英単語を覚えるとしましょう。

よく電車の中で学生さんが、試験前なのか英単語帳を見ながら、覚えているかどうかのチェックをしていることがあります。

これは非常に残念です。

頭の中で単語をさらっても、実際に試験に出たときに書けない、ということが起こります。それを防ぐためには、単語帳は必ず書いてチェックする。電車の中で書けないときは、「シャドー書き」をするといいでしょう。

シャドー書きというのは、指でもう一方の手の平に「A・P・P・L・E」という綴りを書いてみることです。

単語カードを見ているだけだと、「わかったつもり」になりますが、綴りまできちんと覚えているかどうかはわかりません。実際に手を動かしてみると、紙に書くのと同じように、綴りが正確に書けるかどうかが一瞬でわかるのです。

インプット型の勉強では、「覚えたつもり」に陥るのです。

いざテスト用紙を前にして、「昨日、教科書のあの部分に書かれていたのを見たのに、思い出せない！」と焦ることってありませんか？

試験前日に、「頭の中でさらうだけ」だから、本番で答えが出ないのです。試験前日に、きちんと「書いて確認」できていれば、本番で出てこないということはまずありません。

記憶を強化する、覚えるためには、とにかく「書くこと」が大切です。

「声に出す」「音読する」「発音する」する、つまり「話す」のもアウトプットですが、指を器用に動かす「書く」作業の方が、脳に複雑な作業を要求します。つまり、**「話す」よりも「書く」ほうが、圧倒的に脳を活性化する。つまり、記憶に残りやすい**のです。

また、紙に書く場合は、書いた内容が目に入ってきて、さらにもう一度インプットされることにもなります。

インプットしてアウトプットして、またインプットして……と、何度も繰り返すことによって、脳はさらに活性化し、記憶が強化されるのです。インプットとアウトプットの繰り返しによって自己成長できる、ということです。

基本法則4　フィードバックで自己成長が加速

アウトプットで得られる効果はさまざまですが、もっとも大きな効果は、アウトプットすることで自己成長が飛躍的に進む、ということです。

先ほど、インプットとアウトプットを繰り返すことで自己成長すると書きましたが、実はその間に必要なプロセスがあります。

それは「フィードバック」です。

フィードバックというのは、アウトプットによって得られた結果を評価し、次のインプットに向けて、「見直し」や「方向修正」を加えるという作業です。

何か行動したとき、「失敗した」と思ったら、その原因や不十分だった点を考えて、次にやるべきことにつなげればいいのです。成功したときには、うまくいった理由を探り出し、それをまた繰り返すか、さらにうまくいくように工夫していきます。

こうしたフィードバックによって、行動は少しずつよい方向へ修正されていき、同じ間違いや失敗を繰り返すことがなくなり、過去の自分よりも確実に「進化」することができるのです。

「インプット→アウトプット→フィードバック」のサイクルを繰り返すことによって、人間は、螺旋《らせん》階段をのぼるようにどんどん成長していきます。

私はこれを「成長の螺旋階段の法則」と呼んでいますが、インプットとアウトプットを繰り返すことが究極の勉強法であり、自己成長の秘訣なのです。

このように、アウトプットは「自己成長」につながりますが、インプットだけをしていたら、自分の脳の知識や情報を満たすだけの「自己満足」に終わってしまいます。

いつもがんばっているのに、なぜか成果が出ないという方は、インプット中心でアウトプットを疎《おろそ》かにしている可能性が高いのです。

アウトプットは楽しい！

もしも誰かから「この本を明日までに読みなさい」と押しつけられたら、楽しくないどころか、苦痛に感じる人も多いと思います。

でも、自分が好きなものを読んでその感想を書くのであれば、それほど苦痛には感じないはずです。読んで、「面白い」「すごい！」と思ったところを素直に書けばいいのです。むしろ、楽しいと感じるでしょう。このように、**アウトプットというのは、「自己表現」につながりますから、基本的には楽しい行為**なのです。

また、他の人に役立つことなど、ポジティブなアウトプットを続けていると、周囲からの評価にもつながっていきます。すると、アウトプットがさらに楽しくなり、もっとアウトプットしたくなります。

ですから、アウトプットのトレーニングは楽しみながらやるといいでしょう。

本を読んだら、感想を人に話す。映画やアニメを観たら感想を話す、書く。旅行に行ったら、楽しかった旅の記録を書く。このようにアウトプットすれば楽しいことを思い出して、またさらに楽しい気分になります。

私たちは普段からさまざまなアウトプットをしています。

でも、それをもっと意識して増やした方がいいのです。「覚えておきたいこと」や「強化したいこと」は、どんどんアウトプットすべきです。

楽しかったことを人に伝えれば、ポジティブな記憶を強化できます。授業で習ったところをもう一度整理してノートにまとめ直せば、記憶をさらに強化することができます。

コミュニケーションにも大きな効果が

さらに、普段からどんなアウトプットをしているかによって、あなた自身のコミュニケーションにも大きな変化が出てきます。

10代以降になると、関わる人間も増えて人間関係も複雑になっていきますが、そんな10代にとって、アウトプットのトレーニングは特に大きな意味を持ちます。

なぜなら、アウトプットは周りの人間関係に多大な影響を与えるからです。**よいアウトプットをしていればよい人間関係ができ、悪口のようなネガティブなアウトプットをしていれば、当然、人間関係は悪化していきます。**

ですから、今よりよい人間関係を持ちたい、よりよい生活をしたいのであれば、「正しいアウトプット」をしなくてはいけません。

何より大事なことは、まず「アウトプットする」こと。じっと黙っていないで、自分が何を考えているのか、自分はどういう人間なのかを「話す」。周囲に伝えるということです。

当たり前の話ですが、何も言わなければ、相手には何も伝わりません。

日本には、昔から「以心伝心《いしんでんしん》」という言葉があります。

「言葉にしなくても気持ちは伝わる」という文化は日本独特のもので、よい面もあるかもしれませんが、場合によってはトラブルの原因になることもあります。

友だちとけんかしたり、些細《ささい》なことで揉めたりすることは誰にでもありますが、その多くは「伝え方」が原因です。

こちらとしては正しく伝えたつもりでも、相手に自分が思ったように伝わっていなければ誤解の原因になります。問題が起きてから「わかってくれていると思った」と相手を責めても遅いのです。

ですから、まずはきちんと「言葉に出して伝える」ことが重要になります。

そして言葉で伝える場合は、口で話すか、文章で書くかの2通りしかありません。ですから、「話す」「書く」のトレーニングが重要になってくるのです。

しかし、ほとんどの人は大学に入ってからレポートや卒業論文などを書くようになり、そこでようやくアウトプットのトレーニングを始めます。

その後社会に出ると、「話す」「書く」「行動する」の能力はさらに欠かせないものになります。研修で「書くスキル」や「伝えるスキル」を教えてくれる企業もありますが、それだけでは不十分なので、仕事をしながら自分自身で磨いていかなくてはいけません。

それでも、営業トークや大勢の前でのプレゼンテーションなど、これまで一度も習ったことのないものや、やり慣れていないものを身につけていくのは大変です。だから、多くの人が苦労しているのです。

また、コミュニケーション能力を短期間でアップさせるのは簡単なことではありません。だから、早くから始めた人と、そうでない人の間に圧倒的な実力差が出てくるのは当然のことです。

2020年代は量より質

2020年以降、新型コロナウイルスの感染拡大防止のため、テレワークやオンライン授業を行う会社や学校が増えました。

こうした動きは、今後ますます進んでいくことでしょう。

子どもや若者の世界でも、「オンライン化」は確実に進んでいます。もうすでに、友だちと直接会って話す時間よりも、家に帰ってＬＩＮＥでやりとりする時間の方が長い、という人もいるかもしれませんね。

このように、リアルなコミュニケーションの割合がどんどん減ってきています。

では、リアルなコミュニケーションは、これから必要なくなるのでしょうか？

いえ、そんなことはありません。むしろ、コミュニケーションのオンライン化が進めば進むほど、リアルなコミュニケーションの重要度が増す、と私は考えています。

どういうことでしょうか。

テレワークやオンライン授業では、相手の細かい表情や微妙なニュアンスはわかりにくいですよね。つまり、こちらのニュアンスも伝わりにくいということです。

オンライン会議に必要な環境も整ってきましたし、メールやメッセージも使えるのですから、物理的にはうまくいくはずです。でも、多くの人が「スムーズに話が進まない」というコミュニケーション不全を抱えています。

実は、普段の生活では、**何気ない立ち話や気軽な雑談が、私たちのコミュニケーションを円滑にしてくれている**のです。

たとえば、何かを提案する際には、雑談の中で事前にさりげなく話しておくとか、相手の気持ちや立場を知っておくことができれば、話が通りやすくなります。

これまでは深く考えずに、無意識にそうしたやりとりができていましたが、オンラインのコミュニケーションでは、そうした微妙なやりとりがとてもしにくいのです。

また、これまでは平日に5日間会っていた人たちと、オンライン化によって週に1日しか会わなくなったとします。

会う時間が5分の1になったということは、その5分の1の時間で、相手にきちんと伝わるように話しておかなければいけないということ。つまり、今まではコミュニケーションがそれほど上手ではない人でも「量」でカバーできていたものが、量が減った分、「質」で勝負しなければいけないのです。

オンライン化が進めば進むほど、短い時間でもうまくコミュニケーションできる人が重宝されるようになる、ということです。

受動型から能動型へ

インプットとアウトプットは、別の言い方に置き換えることができます。

インプット　↓　受動型（人に言われた通りやる）
アウトプット　↓　能動型（自分で考え、自分から動く）

つまり、「その人の生き方」そのものを指すということです。

今までの日本社会では、「受動型の生き方」の人が、うまくいっていました。

親の言う通りに行動し、先生の教える通りに勉強し、会社に入ってからも、上司からの命令通りに仕事をする。教科書に書いてあることをそのまま暗記すれば高得点をとれる。そういう人が優秀だといわれていました。

でも、これからはまったく違います。

２０２０年代のこれから、ＡＩ（人工知能）はさらに急激に進化していくといわれています。

今の中学生が就職する頃には、あらゆるものに組み込まれたＡＩが、人間と同等かそれ以上の知能を獲得し、人間の代わりに仕事をするようになります。どの業界でもデジタル化、オンライン化、ＡＩ化、ロボット化による大再編が起こり、誰もが環境の変化に巻き込まれるのです。


ＡＩの大きな特徴は、膨大なデータ（ビッグデータ）を短時間で分析し、関連性を見いだし、結果を予測できることです。

しかし逆をいえば、ＡＩは今まで一度も起きていない出来事に対しては対処できないということです。何もないところから新しいものを作り出すこともできません。

それをできるのが、人間です。

誰も持っていない便利な道具を考えるとか、新しい商品を開発する、世の中にないサービスを生み出すなどの仕事は、今のところ「人間」にしかできません。

つまり創造力や発想力、論理的思考力、判断力、実行力、人を説得する力といった、いわば「0を1にする力」が、これからの人間に求められるのです。

こうした力こそ、まさにアウトプットの神髄といえます。

もちろん、「０を１にするアウトプット力」を一朝一夕で身につけることはできませんが、「話す」「書く」「行動する」を鍛えていくことで手に入れることができるのです。

今、アウトプットの重要性に注目しているのは、ビジネスの分野だけではありません。２０２１年度からの大学入学共通テストや新学習指導要領でも、思考力、判断力、表現力を重視することが発表されています。受験や学校教育の場においても、アウトプット力が重視される時代になっているのです。

皆さんの中には、テストの問題を解くのは得意なのに、自由に書ける作文、小論文は苦手、という人も多いのではないでしょうか。

これからは、自由な発想と、それを表現する力が求められる時代です。ですから、今後は学校の勉強もアウトプット型に変わっていくでしょうが、それだけでは不十分。自分自身でも、アウトプットのトレーニングをしていく必要があります。

そもそも、アウトプットのトレーニングは、人からやらされる「受け身」の状態では、効果は出ません。楽しみながら自発的にアウトプット力を強化していくことで、自分の能力を最大限に発揮することができるのです。

アウトプットは人生をより良くする

これまでの話をまとめると、アウトプットには次のようなメリットがあります。

1 記憶に残る
2 行動が変わる
3 現実が変わる
4 自己成長する

5　楽しい！

効率的なアウトプットをすれば、自己成長のスピードも速くなります。その結果、成績がよくなるとか、学級委員を任されるとか、周囲の人から信頼されるようになるなど、現実もどんどんよい方向へ変化していきます。

アウトプット力がアップし、コミュニケーション力がアップすれば、人間関係は円滑になり、学校や職場でも過ごしやすくなります。友だちや恋人もできやすくなるでしょう。

さまざまな場面で、あなたの個性や能力、社会性が評価されるようになると、希望に沿った進学や就職ができる確率が高くなります。

このように、アウトプットによってポジティブな結果が連鎖的に起こり、あなたの可能性が大きく広がっていくのです。

つまり、アウトプットによって、

6　圧倒的な結果が出る

ということです。

その反対に、どれだけ勉強をしてもアウトプットをしなければ、自己成長のスピードは遅くなります。

また、せっかく素晴らしい学びを得ても、行動に移さなければ何も起こりません。

私たちは、行動しない限りは前に進むことができませんから、今の状態がずっと続くだけです。


あなたは、悩みや不安に直面したときに、どうやって解決しようとするでしょう。

部屋にこもって、1人で「どうしよう、どうしよう」と考え続けますか？

でも、1人で悩んでいても、頭の中で考えが堂々巡りするだけで何も進みません。

これは完全に「インプット的思考」です。

そんなときには問題をすべて紙に書き出してみるといいのです。書き出すことで自分で問題点に気づいたり、状況が整理されたりして、新しい可能性や解決法が浮かんできます。「現状はこうだから、こうしたらいいのか」と考えが前に進むのです。頭の中の考えを外に出す。これが「アウトプット的思考」です。

同じ問題に直面しても、インプット的に考えるのか、アウトプット的に考え行動するかによって、解決の速度がまったく違ってくるのです。

ですから、もしもあなたが自己成長したいと思っているなら、そしてよりよい人生を生きたいと思っているなら、まずはアウトプットを始めることです。

第2章　コミュニケーション下手は克服できる

8割の人が「話すのが苦手」

前章では、アウトプットがいかに大事かという話をしました。

アウトプットの具体的な方法に入る前に、本章では「コミュニケーション能力」についてお伝えしたいと思います。

アウトプットが大切だという話をすると、多くの人が「私は会話が苦手で……」とか「人前でうまく話せません」などといった不安を口にします。

特に、若い人たちからは、「クラスメートと会うと緊張する」「人に嫌われないか心配」など、コミュニケーションに対する深刻な悩みを聞くことも少なくありません。

でも、それほど心配することはありません。

皆さんがコミュニケーションに苦手意識を持つのは当然だからです。

私はセミナーや講演の際によく「人前で話すのが苦手な人はいますか?」と聞いてみるのですが、手を挙げる人がほとんどです。8割から9割は手を挙げます。

反対に、「人前で話すのが得意な人は？」と聞いて、手を挙げる人はほとんどいません。いてもせいぜい１割です。つまり、**大人でも８割以上の人がコミュニケーションに苦手意識を持っている**のです。

考えてみれば、人間というのはもともと人見知りです。赤ん坊として生まれたときは誰とも接触したことがない状態です。

そこで「おぎゃあ」と泣くことで、お母さんが抱っこして「よしよし」をしてくれて、まずこの世界で初めて「他の人」とのコミュニケーションが始まります。そして、父や祖父母や親戚というように、徐々に触れ合う人が増えていきます。さらに言葉を覚えていき、いろいろな人と話すことによって、少しずつコミュニケーション力が鍛えられていきます。

つまり、**人間はみな、最初はコミュニケーション力が「ゼロ」**なのです。

親や親戚などから始まって、きょうだいと遊んだりしているうちに、コミュニケーションの量が増えていきます。きょうだいの他にも、幼馴染《おさななじみ》や公園で会ったお友だちと遊ぶことを通してコミュニケーションを上達させていきます。

一般的には他の人と接する時間が多いほど、コミュニケーションは上達しやすくなります。

ですから、**人と話すのが苦手という人は、得意な人に比べて、子どもの頃のコミュニケーションの量が単純に少ない場合が多いのです。そう、ただ「こなした数」の問題なのです。**

では、そういう人はどうしたらいいのでしょうか。

答えは簡単です。

これから挽回していけばいいのです。今から、コミュニケーションの量を増やせばいいのです。

話すのが得意か苦手かは単に経験値の違いでしかないのだから、苦手だという人はコミュニケーションの総量を増やせばいい、ただそれだけです。中学生や高校生くらいでしたら、十分間に合います。いや、大人でも間に合うのですが、10代であれば、まだ他の人とそれほど大きな差はついていないので、簡単に挽回できます。

友だちとうまく話せないとか緊張しやすいと感じる人は、単に経験値が足りないだけ。苦手だと思うなら「話す」「書く」「行動する」の経験を増やしていけばいい。ただ、それだけのことです。

そもそも、自分の思っていることを言葉で表現するのは、意外と難しいことです。それを今まできちんと練習してこなかったのですから、うまくいかなくて当然です。でも、少しずつ続けていけば、誰でも上達します。

その方法については第3章の「話す」で詳しく触れますが、自分は口下手だと思ったら話す練習をし、なるべく自分から話しかけるようにして、人と話す機会を意図的に増やしていけばいいということです。

私の最初の「アウトプット」

実は、私も若い頃は会話やコミュニケーションが得意ではありませんでしたから、皆さんの不安や悩みもよくわかります。

中学や高校時代は勉強中心の生活で、友だちも多い方ではなく、何か生きづらさのようなものも感じていました。今から思えば、コミュニケーション下手だったなと思います。

ただ、私には大好きな趣味がありました。

映画です。小学生の頃から映画が大好きでしたが、当時はテレビで放映する映画が唯一の楽しみでした。中でも『月曜ロードショー』は欠かさず観ており、その映画解説をしていたのが、映画評論家の荻昌弘《おぎまさひろ》さんでした。

荻さんは、映画が始まる前にその作品の面白さや魅力について、愛情たっぷりに生き生きと語っておられました。それを聞きながら、「どうして、こんなに上手にしゃべれるのだろう」といつも不思議に思っていました。

そんな矢先、小学6年生の誕生日プレゼントとして、カセットレコーダーを買ってもらいました。そのカセットレコーダーでいったい何をしたのかといえば、憧れの荻さんのテレビの解説を毎回録音して、一字一句文字おこししていたのです。

今から思えば、まさにアウトプット！　荻さんの話をすべて書き写してみて、どんな内容をどういう順番で話しているのかを研究していたのです。

私が「話す」ことについて最初に意識したのがこの時期であり、これが私の最初のアウトプットのトレーニングだったといえます。


その後、高校生になった私は、映画『スター・ウォーズ』に夢中になり、『スター・ウォーズ』のファンクラブに入会しました。

個人のかたが運営していた私設ファンクラブでしたが、会報が毎月発行されていました。その会報では、「来月はこのシーンについて皆で語り合いましょう」というように、毎月テーマをひとつ決め、会員それぞれがテーマに合った文章を書いて送るのですが、高校生の私も、毎月の会報に投稿するようになりました。

自分の文章が印刷されて配布される！　そして自分の文章が他人にも読まれる！　これが楽しくて、私はすぐ記事投稿に熱中しました。

その作品の何がおもしろいのか、どこが魅力的なのか。そうしたことを分析して言語化する能力と文章力。私のアウトプット力の基礎は、このスター・ウォーズ・ファンクラブの会報に記事投稿することで養われた、と言っても過言ではありません。

さらに大学生になった私は、札幌の「ムービー・ファン」という社会人中心の映画サークルに入ります。

下は高校生から上は80歳まで、映画を愛する老若男女の十数人が集まって好きな映画について語るというサークルです。モノクロ映画の魅力を語る80代の男性もいれば、若い会社員も、主婦も定年退職した方もいました。そうしたメンバーで喫茶店に集まっては、1本の映画についてとことん語り合うのです。

さまざまな年代や職業の方たちと映画について語り合うこの場は、私のコミュニケーション能力を上げる最高の場になりました。

1本の映画について語っているのに、全員が見事なまでにまったく違うことを話すのです。まさに、「十人十色」です。そうかと思えば、自分と離れた年齢の方が、大学生である私の意見に賛同してくれて、意気投合したときは非常にうれしく思いました。社会にはいろいろな考え方の人がいて、さまざまな物の見方がある。考えてみれば当たり前にも思えますが、大学生の自分が、自分の親と同じくらいの年齢の方と、対等な立場で議論するという機会は、普通はないことです。

社会人が多かった「ムービー・ファン」の仲間との議論は、大学生の私にとっては極めて刺激的で、気づきの多い体験でした。

このように、10代の私は映画という趣味を通して、知らず知らずのうちにアウトプットのトレーニングをしていたのです。

どんな人でも、自分の得意な分野や趣味、好きな芸能人や好きなアニメについては楽しく話せると思います。ですから、何か好きなものや得意なものを見つけて、それについて人と話す機会を持つというのはおすすめです。

とにかく大事なことは、「話す」「書く」「行動する」の経験値を積み重ねていくということ。いろいろな人と交流して、コミュニケーションの場数を踏むことが大切です。そのためには、**楽しくないと続けられないので、自分の趣味や好きなことと結びつけたアウトプットがいいのです。**

そして、後に医者になった私は、精神医学や心理学、脳科学を通してコミュニケーションを学ぶようになりました。私が心理学に興味を持ったのは、「自分のコミュニケーション下手を何とかしたい」という思いがあったからかもしれません。

さらに、大勢の人の前で話すプレゼンが苦手だった私は、精神科医になりたての頃、あえて毎年3回以上の学会発表をこなすようにしました。忙しい研修生活の合間に年3回以上の学会発表をこなすのは大変でしたが、とにかく経験を積まなければ、「話し方」は上達しないと実感していたのです。そうやって苦労や失敗を重ねながら場数を踏んでいるうち、いつしか私は大勢の前で話すことが、楽しくなっていたのです。

今では緊張を味方につけ、大勢の前でも平気で話せるようになり、1万人以上のセミナーにも講師として呼ばれる講演家になりました。

人と話すのが苦手だから。
コミュニケーションが下手だから。
そう言って人を避けていたら、ますますコミュニケーションが苦手になるだけです。

コミュニケーションが得意な人との差も開く一方です。

「自信がないからやらない」ではなく、自信がないからこそ、積極的にコミュニケーションに取り組むべきです。

言わなきゃ伝わらない

たくさんの人と接していて感じるのは、コミュニケーションが苦手な人ほど、「悪い方の結末ばかりを予想しがち」ということです。

先日も、「相手に嫌われたらどうしよう」と気になってしまうと悩む男性がいましたが、それは「自己肯定感」の低さが原因かもしれません。

自己肯定感というのは、自分に対して前向きに、ありのままの自分を肯定できる感覚です。

自己肯定感を高めたいならば、アウトプットが最高のトレーニングといえます。たとえば、「書く」トレーニングの1つ「3行ポジティブ日記」（第4章参照）は、1日の最後に今日あった楽しかったことを３つ書きます。

たったそれだけの簡単なアウトプットですが、７日から10日続けるだけで、自分のポジティブな面に目が向くようになる。結果として自己肯定感が高まり、自分に自信が持てるようになります。

「自己肯定感の低さ」や「コミュニケーション下手」は、薬で治るわけではありません。また、誰かが変えてくれるわけでもありません。

自己肯定感が低ければ、自己肯定感を高めるためのアウトプットのトレーニングをし、コミュニケーションが苦手であれば、なるべく人と話す機会を増やす。

こうした経験を自分から意識して、少しずつ重ねていくことによって、自分の壁を突破し、自分にも「できる」という自信を高めていくことができるのです。


もちろん、言葉というのは「諸刃《もろば》の剣《つるぎ》」です。

ポジティブなアウトプットをすれば人間関係はよくなりますが、悪口やネガティブな言葉を発すれば、相手に嫌われる可能性があります。ですから「いっそのこと、黙っている方が無難だ」と思う人もいるかもしれません。

でも、黙っていたら、人から誤解されてしまうこともあるのです。

たとえば誰かにお菓子をもらったとき、「おいしい」など何かしら感想を言わなければ、「あれ、おいしくなかったのかな。せっかく買ってきたのに」と相手をがっかりさせてしまうかもしれません。あるいは、会合などで「あなたはあのとき黙っていたのだから、賛成したということだよね」と決めつけられてしまうこともあります。「黙っていたら無難に過ごせるはず」というのは間違いで、むしろマイナスになってしまう可能性もあるのです。

ですから、**どんなときにも「失敗したらどうしよう」と悪い方ばかり予想するのではなく、ものごとのよい面と悪い面の両面を考えてみる姿勢が大切です。**

自分の行動が原因で「嫌われたらどうしよう」と考える人もいますが、自分の行動によって相手に喜ばれる可能性だって大いにあるわけです。

それなら、喜ばれる可能性を高くするために、相手に対して「ポジティブなこと」をすればいいのです。具体的には「感謝」と「親切」です。

お菓子をもらったら、にっこり笑って「これおいしいね。ありがとう」と言えば、ほとんどの人は喜びますし、お互いの関係性も深まります。

忘れてはいけないのは、**基本的に、人は「他の人と仲よくなりたい」と思っている**ということです。あなたと同じことを思っているのです。「人から嫌われたくない。できれば好かれたい」と思っているのです。

でも、あなたがずっと黙っていれば、現状維持かマイナスになるだけですから、誰とも仲よくなれないままです。友だちと仲よくなりたいのであれば、自分からポジティブな言葉をかけてみる。一歩踏み出す勇気が必要です。

どうしたら自信が持てる？

若い頃は、どんな人でも自分に自信を持てなくて当たり前です。

というのも、自分のことを肯定できる自己肯定感というのは、「成功体験」や「うまくいった経験」をもとにして、少しずつ育まれていくものだからです。

でも、若い頃、特に中学生くらいで、人生がうまくいっているという人はどれだけいるでしょうか？　スポーツ大会で優勝するような人や、ずば抜けて成績優秀な人を除けば、成功体験がたくさんあるという人はそれほど多くないはずです。

だから、若い世代が自信を持てないというのは当然です。10代の頃の私もそうでした。みんなそうなのです。しかし、その後の人生でいろいろな経験を積み重ねながら、少しずつ「小さな成功体験」を重ねていき、徐々に自信をつけていきます。ですから、早く自信をつけたいと思うなら、なるべく「たくさん」の成功体験を積むといいのです。

成功体験というのは、それほど大きなものでなくても構いません。少し成績が上がったとか、試合で活躍したとか、委員に選ばれるとか。小さな成功体験でも、「自分は大丈夫だ」「これでいい」と思える気持ちを育んでいくことができます。**大きな成功でなくても、「小さな成功」「プチ成功体験」を「たくさん」積み上げることで、自己肯定感は育つのです。**

そのためには、自分からたくさん行動して、たくさんの経験をするしかありません。

打席に立たないと、ヒットもホームランも打てません。勇気を出して行動しなければ、プチ成功体験を積むことはできません。

ちなみに、自分で意を決して行動を始めるのも大切ですが（その方法については第5章で詳しく紹介しています）、先ほどの私の例のように、自分の興味のあるコミュニティに参加するのもおすすめです。つまり、「趣味」や「遊び」を通しても、「プチ成功体験」を積むことはできるのです。というか、そっちの方が簡単です。

部活や塾、習いごと、同好会、趣味のサークル、何でもいいですが、こうしたコミュニティで自分の好きなことや得意なことを深めていけば、自信にもつながります。また、コミュニティには、学校では出会えないような人と出会うチャンスがあります。そして同じ興味、関心を持っているので、仲よくなりやすい。そうした人たちと交流することで、コミュニケーションの練習になります。

さらに、**家と学校以外に「第3の居場所」をつくっておくことで、精神的に救われるという意味合いもあります。**もしも学校と家の往復しかしていない人が、学校で嫌な目にあったり、いじめられたりしたら、その人にとっての外の全世界が学校ですから、全世界から否定されたかのような絶望を感じるかもしれません。

でも、たとえば水泳教室で活躍していたら、学校でいじめを受けても、完全に絶望することはないでしょう。

また、部活動やスポーツチームなどでは、共通の目標に向かって活動しているうちに、必然的に仲間ができてきます。その仲間の中で特に気の合う人と深く付き合っていくことで、仲のよい「友だち」に発展していく可能性があります。「友だちをつくろう！」と無理をしなくても、自然に仲よくなれるのです。

ですから、まずはコミュニティに所属して仲間をつくるのは、とてもいい流れです。少なくとも、自分の所属するコミュニティが複数あることで、人は救われるのです。自分の居場所ができることで、「癒し」や「安らぎ」を得られる確率が高まるからです。

自分の「好き」を深めて強みをつくっていくためにも、興味や関心のあるコミュニティに積極的に参加してみるといいでしょう。

人と比べている限り、幸せにはなれない

プチ成功体験を積んでいく際に、とても大事なことが一つあります。

それは、「人と比べない」ということです。

人と比較している限り、自信を持つことはできません。

なぜなら、あなたがもしもクラスで勉強が1番だったとしても、学年で見ると5番だったり、地域で模擬試験を受けたら30番だったりするでしょう。

自分より勉強のできる人は、絶対にどこかにいるのです。

また、勉強では1番でも、自分より運動神経のいい人、自分よりかっこいい人、自分より背が高い人、自分より歌のうまい人もたくさんいます。オリンピックで金メダルをとった人でも、その種目以外ではいろいろな部分で負けているはずです。

人と比べていている限り、自分の劣っているところが見つかるのは当然です。「なんて自分はダメな人間なんだ」と落ち込むのも当たり前です。すべてにおいて1位を

とることなど不可能なのですから、人と比べている限り、絶対に幸せにはなれないのです。

ですから**他人ではなく、「過去の自分」をライバルにしましょう。**過去の自分と比べて、成長している点、よくなっている点を見つけましょう。

１か月前の自分、半年前の自分、１年前の自分と比べてよくなっている点を見つけ、「自分は成長している！」「すごい！」と自分で誉めてあげましょう。

人と比較していたら、絶対に幸せにはなれない。そのことを忘れないでください。

第3章　話す

もっとも身近なアウトプット

さて、本章では、「話す」アウトプットの具体的な方法についてお伝えします。

「話す」ことは、アウトプットの中でも、もっとも身近なものです。

ただ、自分の思っていることを言葉で表現するというのは、一見簡単そうに見えて、意外と難しいですね。

試しに、最近観たアニメのストーリーを、1分間で友だちに話してみてください。

やってみたらわかると思いますが、アニメのストーリーを要領よくまとめて話すのは意外に難しいのです。

要約する能力は日頃から鍛えていないと伸びていきませんし、自分の脳内にある情報や考えを言語化して（言葉にして）伝えるのは、簡単なことではありません。

自分の思いをきちんと伝えられなければ、場合によっては行き違いやトラブルの原因になってしまうこともあります。

あるいは、人前で発表するときに、何を話したらいいのかわからなくなってしまったという人も多いでしょう。「たくさんの人の前で話す」というのは、10代の方の場合はたまにしかないので、ほとんどの人は経験不足です。ですから、うまくできなくて当たり前なのです。

よく、話し下手な人が話し上手になる方法はないか、と聞かれます。

あります！　とっておきの方法が。

それは、**徹底的に「話す」練習をすればいい**のです。

話し方というのは、練習さえすれば、誰でも、そして何歳からでもうまくなります。

しかし、そのようにアドバイスしても、ほとんどの人は「話す練習」をしません。人間は、「苦手」や「不得意」を、無意識に避けようとするからです。

ですから、「話すのが苦手」な人は、できるだけ話すことを避けたいので、「話す練習」も避けてしまう。結果として、経験不足、練習不足となって、失敗するのです。

苦手だから、あえて、積極的に練習しないといけないのです。

アウトプットは、すればするほど上達していきます。最初は下手でもいいので、少しずつ続けていくことが大切です。

私たちが話す場合、大まかに言えば「（たくさんの）人前で話す」「（数名の前で）個人的に話す」の２つの状況があります。

まずは、たいていの人が苦手だという「人前で話す」コツからお伝えします。

10代以降になると、人前で話をする機会が増えてきます。自己紹介に始まって、ディベートの授業や朝の集会。受験、就職、バイトの面接などです。

さらに社会人になれば、営業での売り込みやプレゼンテーション、会議での発言など、人前で話す機会は毎日のように訪れます。そもそも会社に就職するには、「面接」を乗り切らなくてはいけません。

もし「人前で話す」ことに苦手意識を持っていたら、社会人としてあなたの能力を十分に発揮することは難しいかもしれません。ですから、社会に出る前、今から少しずつ「人前で話す」練習をしておくことが大切です。

まずは、誰でも経験する「自己紹介」の方法から見ていきましょう。

話す１　「自己紹介」のコツ

自分がどういう人間なのかを知ってもらうための入り口が、自己紹介です。

初めての集まりで、簡単な自己紹介を求められることはよくあると思います。

自己紹介は１分以内の短いものがほとんどですが、ものすごく上手に話せる人と、ほとんど何を言っているのかわからないくらい下手な人がいます。

これからの人生で、さまざまな機会で何十回も自己紹介を求められるはずですから、苦手だと思う方は事前に練習しておきましょう。

なぜなら、**自己紹介は練習さえすれば誰でも上手になる**からです。ほとんどの人は「自己紹介してください」と言われたその場で内容を考えるため、焦って下手な自己紹介になってしまいます。話すのに自信がないため、余計に緊張してしまいしどろもどろになります。

でも、事前に準備しておけば、自己紹介はそれほど難しいものではありません。自己紹介の内容を考えて原稿に書き起こしておき、いつでもそれを言えるように練習しておく。この準備と練習をすべてやっても、1時間もかからないでしょう。

自己紹介は「長いパターン」と「短いパターン」で、話す内容が違ってきます。「1分くらいで」と時間を指定されることもあれば、「手短に」などと言われることもありますので、自己紹介の原稿は「30秒バージョン」と「60秒バージョン」の2つのパターンをつくっておくといいでしょう。

文字数にすると「30秒」で約200字、「60秒」だと約400字になります。

では、何をどう話せばいいのでしょうか?

自己紹介で一番大切なのは、周りの人の「記憶に残る」ことです。

せっかく自己紹介をしても、人の記憶に残らなければ、する意味がありません。

そこで、人の記憶に残り、好感を持ってもらう自己紹介にするための5つのポイントをお伝えします。

①他者と差別化できるポイントを盛り込む

まずは、他者と差別化できるポイントを盛り込むこと。差別化ポイントとは、「自分の尖った部分」「人とは違う部分」「長所」「得意とする点」などです。

盛りすぎもよくありませんが、「他の人よりも自分がスペシャルな部分」を１つ盛り込むといいですね。

特技がないという方は多いですが、その場合は、自分の「好き」を盛り込むといいでしょう。自分が好きなもの、趣味、興味などです。

②数字を盛り込む

そこに「数字」を盛り込めば、話に具体性が出て、人に伝わりやすくなります。

「ピアノが好きで、８年間続けています」

「『鬼滅の刃』が大好きで、映画は６回観ました」

そんなふうに話すと、マニア度や好きの度合いを強調することができます。

単に「作家で精神科医の樺沢紫苑です」というより、「累計１６０万部の作家で精神科医の樺沢紫苑です」と数字を盛り込むだけで、「何だかすごそう！」と記憶に残りやすくなるのです。

③練習する

原稿を書いたら、声に出して何度も読んで、しっかり練習することが大切です。紙に書いた原稿をスラスラ話せるように練習して、暗記しておくのです。

話すことやプレゼンが苦手だという人ほど、たいてい話す練習（実際に相手がいることを想定して、本番さながらに話す練習）をしていません。原稿やプレゼンの資料をつくるところまではがんばっても、話す練習をしていないため、本番で緊張してボロボロになってしまうのです。

自分が苦手なことをするのは辛いからといって多くの人は避けようとしますが、それではもっと苦手になってしまうだけです。本番に緊張しやすい人ほど、他の人以上に練習する必要があります。

「練習する」といっても、声を出さずに「黙読」するだけで練習になったと思う人がいます。「話す」というアウトプットと組み合わせることで、「記憶に残る」「身につく」

のです。ですから、声を出して練習しないと意味がない。必ず声に出して練習、です。

④大きな声でハッキリ話す

自己紹介で一番重要なこと。それは、「内容」ではありません。

大きな声で、はっきりと話すこと。これが最も重要です。

私は今までに何百人もの自己紹介を聞いてきましたが、何人かに1人は、下を向いて、小さな声でボソボソ話す人がいます。

何を喋っているのか、そもそも聞こえないのです。自己紹介の内容が素晴らしかったとしても、それを相手が聞き取れないのであれば意味がないのです。人の印象というのは全体の雰囲気でとらえられますから、どんなによい内容を話していても、ボソボソ話していたら、「何だか暗い人だな」「この人とは仲よくなりたくないな」という悪いイメージを植え付けてしまいます。

相手に好印象を持ってもらうのが自己紹介の目的なのに、全くの逆効果です。

まずは、顔を下に向けない。背筋をピンと伸ばして姿勢よく、前を向いてください。

下を向くと声が通らなくなります。また、「下を向いている人」は、「暗い人」というイメージで見られます。自分のその声の大きさで、一番後ろの席の人に聞こえているだろうか？　と考えてみましょう。

あなたがどれだけ内気でコミュニケーションが下手でも、姿勢よく、堂々と大きな声で、ハッキリと話すだけで、「魅力的な人」に見られるのです。

それができるように、事前に練習すればよいだけです。たった1時間の練習で、あなたは「魅力的な人」と見られるようになる。こんな簡単なことは、ありません。

⑤笑顔で話す

あと、人前で話すときは、常に「笑顔」を意識しましょう。

笑顔で話すと相手の印象がよくなるのは当然として、実は「緊張」の予防になるのです。笑顔をつくるだけでセロトニンという脳内物質が活性化します。セロトニンは、脳の不安や緊張を緩和する働きを持っています。

ですから、笑顔を意識して話すだけで、過度の緊張はなくなります。緊張している人は、間違いなく顔がこわばっています。人間の脳の仕組みからいって、満面の笑顔で緊張することはできないのです。

笑顔で話すだけで、緊張せずに話すことができるのです。

自己紹介を例に、「話し方」のコツをお伝えしましたが、これはすべての「話し方」に通じるコツでもあります。

話す2　メモを活用する

自己紹介もその他の発表もそうですが、「人前で上手に話す」ための究極の奥義をお伝えします。それは、「事前に準備しておく」ことです。

特に、**「あらかじめ自分の言いたい内容を考えておく」ことが大事**です。何を話したいのかが自分でもわからないのに、聞いている人に伝わるはずがありません。

面接、発表会など、大勢の前で話す場合、事前に日程がわかっている場合がほとんどです。ですから、その日程に向けて周到に準備を進めておくべきです。

準備不足で臨んだら、緊張し、混乱する。上手に話せないのは当然です。

そうならないために、「原稿にまとめる」「メモにまとめる」など、話す内容を事前に考えて、何度も声を出して本番さながらに練習しておきましょう。

5分を超えるような長い発表は原稿を書いておく。1分とか、数分の短い発表であれば、短く「メモにまとめる」のもいいでしょう。

また、とっさに「挨拶してください」「一言お願いします」と言われた場合でも、メモ用紙に大切なキーワードを3個ほどメモするだけなら、30秒もあればできます。

メモを取るときの紙はどんなものでもいいですし、スマホのメモの機能を使ってもいいのですが、私は「情報カード」を使っています。

情報カードというのは、100円ショップでよく見かける厚手の用紙です。いろいろなサイズがありますが、私は「名刺サイズ」よりも一回り大きい「手のひらサイズ」（3×5インチ［75×125㎜］）を使っています。手に持っていてもそれほど目立たずに、「こいつメモを見ながら話しているな」とも思われません。

それくらいのカードに、キーワードを3個書いて持っているだけで、全く何もないのと比べて、はるかに上手に話すことができます。

メモを持っていると、万が一話す内容を忘れたり、頭が真っ白になったときでも、「メモに書いてある」「メモを見ればいい」と思えるので、「お守り」の役割もしてくれます。

でも、安心度が全く違いますから、緊張を防いでくれるのです。

何かの集まりで、急に発言を振られることもあります。事前に準備できないこともあるでしょう。

そんなときも、自分が最初に当てられるという不幸なケースは除いて、「○○について皆さんの意見を聞いていきます」と言われてから自分の順番が回ってくるまでの間に、「3つのキーワード」をメモします。

「これを言おう」と思いついたことを、さっとメモしておくのです。

「すぐに話すことだから、メモなんて取らなくてもいい」と思うかもしれません。

人間の脳は、同時に「3つのこと」しか処理できない、といいます。1度にたくさんのことをやろうとすると、脳の作業スペースが容量オーバーしてしまい、頭がパニックを起こしてしまうのです。

わかりやすく言うと、脳の中には「3つのトレイ」があり、それぞれのトレイに入ってきた情報を処理しては、また次の情報を処理するというイメージです。

空いているトレイがなくなると、脳の作業効率は低下し、「パニクる」「頭が白くなる」ということが起こります。3つのことを言おうと思ったら、それだけで脳のトレイがいっぱいになってしまう上に、「話す」ことでも脳の容量が使われますから、すぐに容量オーバーの状態になります。そのため、いざ話そうとしたときには話したかった内容が飛んでしまい、パニックを起こしてしまうのです。

あなたが緊張したときに、言葉が出てこなくなる理由が、これです。

ですから、**何かを思いついたら、すぐに「メモを書く」ことが重要です。メモを書くことで、「脳の空き容量」を瞬時に増やすことができるからです。**とにかく、人前で話すときはメモを使う。しかし、実際に、これをしている方は少ないでしょう。

私は、1万人以上の前で講演をする講演のプロでもありますが、「次に挨拶お願いします」と急に頼まれた場合などは、今でもメモを書きます。しかし、実際に話すときはメモを見ません。メモを書くだけで、頭の中がものすごく整理されるのです。

最初のうちは、「見るためのメモ」ですが、アウトプット力が身につくと「整理するためのメモ」に変わっていきます。そうなると、メモを見なくても上手に話すことができます。

「当てられる」「当てられない」とは関係なく、会議や話し合いの最中は、自分の「思いつき」「アイデア」「ひらめき」などをメモする習慣をつけましょう。

それを普段からやっていると、メモしなくても、突然当てられても、自分の意見を堂々と述べられるようになります。

「メモを書く」こと、それ自体がアウトプットの練習になります。そして、「メモを書く」ことは、「話す」ための、最高の「準備」にもなっているのです。

話す３　予行練習する

原稿やメモを書いたら、それを見ながら読む（話す）練習をすることが大切です。

紙に書いた原稿をスラスラ話せるようにしておくのです。自己紹介のような短いものなら、何度か原稿を読んでいるうちに暗記することもできるでしょう。

特に大事な発表のときは、できれば家族や友だちなどを観客に見立てて、本番さながら予行練習をしてください。本番同様に、時間も測定して、同じ時間で発表してみます。

そこで、観客役の人に、うまくできている点とできていない点を指摘してもらいます。それをふまえて、できていない点を中心に、さらに練習を繰り返します。

アウトプットしたあとに、「修正」を加えて、さらに高レベルなアウトプットをめざす。30ページでも触れた「フィードバック」です。そこまで徹底的に練習・予行演習をしておけば、緊張する可能性も減り、大きな自信につながります。


かつて、私のセミナー参加者100人に、「プレゼンテーションの前に予行演習をするかどうか」というアンケートを取ったところ、「予行練習をする」と答えた人の割合はたった15％でした。

ちなみに、「人前で話すのが苦手」と答えた人は、80％でした。

話すのが苦手なら、話す練習を十分にしておけばいいのですが、ほとんどの人はしません。なぜならば、人間は「嫌いなこと」を無意識に避けるからです。「嫌い」「苦手」だからこそ、しっかりとした「準備」と「練習」が不可欠なのです。

事前練習がいかに大切かは、プロの方ほどよく知っています。

以前、『ビートたけしのTVタックル』（テレビ朝日系列）に、私が出演したときのこと。当時アナウンサーだった丸川珠代さん（現・参議院議員）が、場面が変わるときに、次のコーナーへの「前ふり」を15秒ほど話す場面がありました。

丸川さんは、本番開始の10分前にスタジオの隅っこで、その15秒ほどのフレーズを何度も何度も練習しているのです。10回以上は繰り返していたでしょう。

15秒の短いフレーズですから、そこまで練習しなくても言えるはずですが、それでもずっと練習している。さらに上手に、さらに完璧を期す。

私は「プロは違うな」と感心しました。

多くの人は才能や能力が高い人がプロだと思っていますが、見えないところで圧倒的に練習し、「できる」のは当然で「さらに上手にできる」ように、練習や準備に手を抜かない。それが本当のプロです。

私は講演に行く前は必ず電車の中でパソコンを立ち上げ、資料としてつくった150枚ほどのスライドを見ながら、頭の中で「ここではこう話す」と脳内リハーサルをします。30分程度で3時間くらいのセミナーのリハーサルが十分にできます。座席に座れないときのために、スライドをプリントアウトした紙も用意しています。座れないときはプリントを見ながら、頭の中で最初から最後までリハーサルをするのです。

これをやっておけば、まず途中で言い淀むことはありません。私は今まで何百回と講演をしていますが、この直前の脳内リハーサルを欠かしたことは一度もありません。たとえば10分程度の発表なら、10回練習してもトータルで2時間ほどです。それくらいやれば、圧倒的にうまくなります。

しかし、みなさん、準備しない。

なまけているわけではありません。「原稿をつくる」「スライドをつくる」作業に一生けんめいすぎて、「本番さながらに原稿を音読する」「予行演習する」時間がとれなくなるのです。つまり、準備の時間配分をまちがえているのです。

中学生や高校生で予行演習までする人は少ないので、きちんとやっていれば、他の人と圧倒的な差が出ます。それは確実にあなたの自信に結びつくでしょう。他の人からの評価も変わります。

自信がない人ほど、しっかりと準備してください。

話す４　緊張はチャンス

事前にしっかり準備をしたら、後は大きな声で堂々と発表するだけです。

人は、「失敗したらどうしよう」というネガティブな考えが浮かんでくると、過剰に緊張してしまいます。でも、十分に準備しておけば、緊張しすぎることはないはずです。

また、緊張というのは、決してネガティブなものではありません。

緊張すると、脳内にはノルアドレナリンという物質が分泌され、集中力が高まり脳が冴えわたるのです。

ノルアドレナリンは、私たちの脳のパフォーマンスを瞬時に高めてくれる「応援物質」なのです。つまり、**「適度に緊張している状態」の方が、「リラックスしている状態」よりも、高いパフォーマンスを発揮できる**のです。

ただ、あまりにも緊張しすぎるとノルアドレナリンが出すぎて脳の活動が停止してしまいます。俗に言う「パニクる」「頭が真っ白になる」というやつです。

「適度に緊張している状態」が、脳はもっとも高いパフォーマンスを発揮できるのです。ですから、もしも緊張してきたと感じたら、こう考えてみてください。

「脳のパフォーマンスが高まってきた！」

「いつもより、実力が発揮できるチャンスだ！」

小さな声でつぶやくのもいいでしょう。

この魔法の言葉で、緊張が「応援力」に変わります。

もし、話している途中で緊張が高まってしまったら、「姿勢」「笑顔」「アイコンタクト」の3つを意識するといいでしょう。

中でも姿勢は重要です。

姿勢を整え、背筋を伸ばすことによって、感情をコントロールする役割を持つ脳内物質のセロトニンが活性化するため、緊張をやわらげてくれます。

また、下を向くと声が通らなくなり、他の人が聞き取りにくくなってしまいますので、緊張してきたときは、まず背筋を伸ばして姿勢を整えて、顔は正面を見るようにしてください。

緊張すると必ず猫背になります。つまり、背筋さえ伸ばしていれば、過度に緊張することはありません。緊張しやすい人は、とにかく「姿勢」を意識する。やってみるとわかりますが、姿勢さえ崩れなければ、緊張が暴走することはありません。

さらに、笑顔をつくると、ドーパミンやエンドルフィン、セロトニンなどの幸福物質が分泌されます。つまり、笑顔をつくるだけで、「どうしよう、どうしよう」という不安がとりはらわれて、「楽しい」気持ちになるのです。

また、セロトニンはリラックスの脳内物質ですから、緊張の原因となるノルアドレナリンを抑制します。

アイコンタクトも大切です。

意識を「緊張している自分」に向けると、ますます緊張が高まってしまいますが、注意を他の人に向けることで、過度な緊張はなくなります。

会場の一人一人と目を合わせることを意識しながら、会場全体を見渡すと、緊張は消えていきます。

「自分」を観察すると緊張は強まり、周囲を観察すると緊張はなくなります。

また、話をしているときに相手の目を見る、一人一人と視線を合わせる（アイコンタクトする）と、内容が伝わりやすくなる効果もあります。

強調しておきたいのは、**一語一句、原稿通りに話す必要はない**ということです。

自己紹介で、「ピアノが得意で、8年間続けている」ことが言いたいのなら、その部分だけ間違えずに言えたら十分です。その前後は多少違ってもいいし、言い忘れてもいいのです。キーワードになる部分だけでもしっかりと伝えましょう。

聴衆はあなたの原稿を、事前に読んでいるわけではありません。あなたが言い間違えても、あなたが「あっ、間違えた。どうしよう」と表情に出さない限り、聴衆は「間違い」に気づくことはないのです。

自分でドギマギしてしまうのは、聴衆に「私、失敗しました！」と自分から教えているようなものです。間違えても、平然と次に進めばいいのです。

「ポイントだけ言えれば十分！」くらいのザックリとした気持ちで、姿勢よく笑顔で大きな声で話せば、あなたの印象は間違いなくポジティブなものになります。

話す5　面接は「Q＆A集」で乗りきる

10代以降になると、受験、アルバイト、就職など、さまざまな場面で面接を受けることになります。面接を上手に乗りきるコツは、「想定問答集」や「Q＆A集」をつくっておくことです。

面接に出そうな質問に対して、事前に自分の答えをまとめておくのです。

面接で出そうな質問は面接対策本やインターネットに載っていますから、それを見て自分ならどう答えるか考えておき、文章としてまとめておきます。

私も昔、医学会で発表していた頃は、「質疑応答」対策として、１００問の「Q&A集」を作っていました。１００問は大変ですが、最低でも10問の「Q&A集」は、必ずつくっておきたいです。

さらに言うと、30問つくっておけば、よくある質問のほぼ9割をフォローできます。

さらに不安な人は、１００問の「Q&A集」をつくってください。そこまでつくっておくと、予想外の質問が出ることはまずありえません。私であれば、大切な場面では、万全を期して必ず１００問の「Q&A集」を準備します。

私はこれを「10・30・１００の法則」と呼んでいます。

最低10問、できれば30問、１００問用意すれば完璧です。

そして、問答集は頭で考えるだけでなく、きちんと書き出しておくことです。

面接前に「よくある質問」の答えを、頭の中で考えて準備している人は多いと思いますが、それではインプット型の準備です。頭の中だけで考え、頭の中だけでリハーサルをして、「できたつもり」になっています。インプット型の準備では、本番にスッと出てこない、ということが起こります。

必ず紙に書いておくこと。そして、声に出して読んで練習しておくのも必須です。

また、実際に本番を経験してみるとわかりますが、本番では自分の思った通りに話せません。やはり本番では緊張していますから、１００％の力を出すのは難しいのです。しかし、「Q＆A集」をつくり、原稿をつくり、何度も声に出して読む練習をしておけば、本番で緊張しても、８～９割の実力を発揮できます。

練習で１００点の出来で、本番で80～90点です。なので、練習で１２０点の出来まで仕上げておくと、本番でも納得の結果を出せるでしょう。

何度も繰り返しますが、「話すのが苦手」「人前で話せない」という人に限って、うまくなるための努力をしていません。練習不足です。だから上達しないままなのです。

話し方は練習をすれば、やっただけ上達します。面接もしっかりと準備して臨めば、納得のいく結果を出せます。

話す6　言語的／非言語的コミュニケーションの両方で

自己紹介の方法のところで「笑顔で、大きな声でハッキリと話す」と言いましたが、これは普段、人と話す際にも大切です。

コミュニケーションには、言語的コミュニケーションと非言語的コミュニケーションの2種類があります。

言語的コミュニケーションというのは、「言葉の意味内容」や「文字情報」です。

一方、非言語的コミュニケーションというのは、言葉以外のコミュニケーションのこと。話し方や口調、ジェスチャー、しぐさ、表情、姿勢など、その人が醸し出す態度や雰囲気。視覚、聴覚など、「言語」以外のすべての要素です。

「全く同じ内容」を話していても、笑顔で話しているのか、怒ったような顔で話すのかによって、伝わり方はまったく違ってきます。

また、前述のように、アイコンタクトができているかどうかによっても、印象は変わります。声のトーンや大きさ、話す速度、姿勢が堂々としているのか、猫背でうつむき加減なのか。その他にも服装や身だしなみ、相手との距離も重要です。

忘れてはいけないのは、**言語も非言語も、どちらもコミュニケーションには欠かせない**ということです。

たとえ好きな人（異性）がいても、笑顔でニコニコしているだけだったら、相手に「自分に対して悪い感情は持っていない」ことは伝わっても、「本気で好き」なのかまでは伝わりませんよね。単に、相手は「いつもニコニコしている人だな」としか思っていないかもしれません。でも、笑顔で「あなたのことが好きです」と言われたら、その気持ちは確実に相手に伝わるでしょう。

言語的コミュニケーションと非言語的コミュニケーションの「掛け算」によって、コミュニケーションの精度を大きく高めることができるのです。

よく、私のところに「相手の顔色が気になってしまう」とか「いつも相手が怒っていないか不安になる」という相談が寄せられます。

こういうときも、やはり言葉にしてみることです。

相手が怒っているかどうかは、相手に確認すればすぐにわかります。

非言語コミュニケーションで「相手が怒っているようだ」と感じたら、「あれ、怒っている?」「私、何かしたかな?」「何かあった?」と、柔らかい口調で確認してみましょう。

確かめるのが怖いからといって避けていると、いつまでも不安なままです。言葉で確認し、相手に確認すればその場で解決します。もし、怒っていたら謝るか、フォローの言葉を発すればいいので、やはりその場で解説します。

言葉で確認すれば、5秒で相手の気持ちがわかります。ほとんどの人は、その5秒の確認を怠るために、誤解を招き、人間関係をこじらせてしまうのです。

言語的コミュニケーションと非言語的コミュニケーションの両方をうまく使うことで、コミュニケーションをはるかに円滑にすることができます。

話す7　「ポジティブ」を話すとうまくいく

ここまでは大人数の前で話すことを中心に見てきましたが、個人的に話す場合、2人や3人で話す場合にも、アウトプットを意識するとよい効果が得られます。

普段の会話で重要なことは、「ネガティブなことは避けて、ポジティブなことを話す」ということです。

楽しかったことや感動したことを人に伝えれば、自分のポジティブな記憶を強めていくことができ、その反対にネガティブなことをアウトプットしていけば、それが記憶として強化されるのです。

毎日、「5個の楽しいこと」と「5個のつらいこと」が起きている場合。「楽しい」3個を毎日アウトプットする人は、「毎日楽しい」という印象と記憶が残ります。「つらい」3個を毎日アウトプットする人は、「毎日つらい」という印象と記憶が残ります。

つまり、**「毎日が楽しい人生」なのかどうかは、実際に何が起きるか以上に、ポジティブとネガティブのどちらをアウトプットするかによって決まるのです。**

また、ポジティブ心理学の研究によれば、ポジティブなアウトプットはポジティブな人間関係を築き、ネガティブなアウトプットはネガティブな人間関係を築くことがわかっています。

たとえば、夫婦関係の世界的な権威、心理学者のジョン・ゴッドマン博士が、夫婦間で交わされる会話の中のポジティブな言葉とネガティブな言葉の割合を調べました。すると、ポジティブな言葉「3」に対して、ネガティブな言葉が「1」程度の割合の夫婦はよい関係を保っており、離婚する確率が低いことがわかりました。さらに、ポジティブが「5」、ネガティブが「1」の割合の夫婦は、10年後もほとんど離婚していなかったのです。

これを、職場で調べた研究もあります。

ノースカロライナ大学の研究チームが職場におけるポジティブとネガティブな言葉の比率を調べたところ、ポジティブとネガティブの比率が3対1以上で、普段からポジティブな言葉の多いチームは、職場の雰囲気がいいだけでなく、高い利益を上げていたそうです。もっとも業績の高かったチームでは、ポジティブな言葉がネガティブな言葉の６倍以上も使われていました。

つまり、ポジティブな言葉とネガティブな言葉の比率が、およそ３対１以上になると、人間関係も仕事もうまくいくのです。

話す８　悪口を言わない

でも、現実はどうでしょう。カフェなどで他の人の話を聞いていると、人の悪口や批判など、ネガティブなことを話している人の方が圧倒的に多いのです。

世の中の会話は、ポジティブの「１」に対し、ネガティブが「３」以上の印象があります。

悪口を言うことは自分自身の脳と健康にダメージを与えますから、注意が必要です。

なぜなら、「話す」アウトプットで、悪口の内容が記憶に定着してしまうからです。

「Aさんのことが嫌い」と口に出すと、「Aさんが嫌い」という記憶や感情を自分の脳内で強化してしまいます。そうした感情は、無意識のうちに非言語コミュニケーションに表れ、Aさんにも伝わりますから、Aさんとの人間関係はさらに悪化していきます。

また、フィンランドの脳神経学者、トルパネン博士の研究によると、悪口や批判が多い人は、そうでない人よりも認知症になる確率が3倍も高いそうです。

別の研究でも、悪口を言うとストレスが増え、免疫力を低下させ、約5歳も寿命を縮めることが報告されています。

悪口を言うと、ストレスを受けたときに分泌されるコルチゾールの分泌が過多になり、身体の免疫力を低下させ、さまざまな病気の原因になるというのです。

人間関係が悪くなり、身体に悪い影響が出るだけではありません。

悪口は、「人の欠点や悪いところを探して、それを言語化する」ことです。つまり、ネガティブ思考のトレーニングをしているのと同じです。

「悪口」はストレス発散になるどころか、本来なら忘れていたような、些細なマイナ

スの出来事を思い出しては、相手のマイナス・イメージを強化してしまいます。

普段から悪口を言う人は、「ネガティブ探しの達人」になります。

当然、他人に限らず自分の容姿、性格、能力、行動、言葉の悪い部分を無意識に探してしまう。結果として、自分に自信を持てず、自己肯定感を下げます。

悪口を言い続けることでネガティブ思考がさらに進むと、常にイライラして、不満ばかり感じる人生を送ることになります。

それにしても、なぜ人の悪口を言うことが大きなストレスとなって自分自身にのしかかってくるのでしょうか。

それは、人間の古い脳は「主語」を理解できないからです。

記憶や感情をコントロールする海馬《かいば》や扁桃体《へんとうたい》などの「大脳辺縁系《だいのうへんえんけい》」は、魚類、爬虫類から哺乳類までが共通して持つ「古い脳」といわれます。

爬虫類が言葉をしゃべれないように、この古い脳は、主語を認識することができません。人の悪口を言ったときにも、「誰が」の部分を認識することができないのです。

例えば、あなたが道を歩いているときに、後から「バカヤロー！」と大声で言われたら、ビクッとするはずです。振り返ると、後で男性2人が喧嘩していた。「バカヤロー！」は、あなたに向けて発せられたわけではないのに、あなたの扁桃体（危険の警報装置）は瞬時に興奮し、そのストレスをあなたが受けてしまったわけです。

古い脳は主語を理解しないので、相手に「バカヤロー！」と言うことは、他人から「バカヤロー！」と言われているのと同様のストレスを受けるのです。つまり、毎日のように悪口を言う人は、それが自分への継続的なストレスとなってのしかかる。

結果として、ストレスホルモンであるコルチゾールの分泌が起こり、免疫力を低下させます。悪口は、ストレス発散ではなく、あなたのストレスを増やすだけ。百害あって一利なしです。

ただし、私たちは一切、ネガティブなことを口に出してはいけないのかといえば、そうではありません。

ポジティブ心理学の本を斜め読みした人は、ポジティブ心理学では「ネガティブな言葉を発してはいけない」と誤解しますが、そんなことはどこにも書かれていません。

むしろ、ポジティブ心理学の本には、「ネガティブは言っていい」と書かれています。ポジティブとネガティブの比率は「3対1」以上。つまり、ネガティブは「1」あっていい。「0」にする必要はないのです。

大人は飲み会などで、愚痴や文句で盛り上がることがあると思いますが、そこで一言もネガティブなことは言ってはいけないと言われたら、息が詰まってしまいますよね。ガス抜きとして、ネガティブなことや嫌なことを言葉に出して吐き出すのは悪いことばかりではありません。むしろ「少しだけ」は必要です。

ただし、会話におけるネガティブの割合が増えると、人間関係の悪化、仕事や勉強の生産性の低下など悪影響が出てきます。ですから、ネガティブな言葉が増えてきたなと思ったら、その3倍以上ポジティブな言葉を増やせばいいのです。

友だちに対しても、「ちょっときついことを言っちゃったかな」と思ったら、ポジティブなフォローを3倍以上、入れればいいのです。

成功や幸せをつかみたければ、ネガティブなことの3倍、ポジティブなことを口に出せばいい、ということです。

また、悪口と同じように、嫌な出来事もなるべくアウトプットしないことです。たとえば嫌なことがあったとき、そのことを周りの人に話して、鬱憤《うっぷん》を晴らしたいと思うかもしれません。

でも、1回話すだけならまだしも、何度も話す人が多いのです。最初に会った友だちに一通り話した後、次に会った友だちにも話し、さらにLINEでも同じことを投稿して……と、短期間に何度もアウトプットしていたら、その記憶は脳にしっかり定着し、忘れられなくなります。

先述したように、「2週間に3回アウトプットしたら記憶に残る」のが、脳の仕組みです。「先生に怒られたこと」「友だちと喧嘩したこと」「失恋したこと」など、何度も話すと、何か月たっても忘れられない。何度も何度も「嫌な体験」を思い出し、苦しみ続けることになるのです。

ですから、**ネガティブな出来事を何度もアウトプットをするのはやめた方がいい。信頼できる人に1回だけ話して吐き出したら、それで終わりにする。**

私はこれを「ストレス発散の1回ルール」と呼んでいますが、「1回吐き出したら、それで忘れる」ことを心がけましょう。

話す９　不安は「大丈夫！」でカバー

最近の脳の研究によると、「不安」というのは扁桃体が興奮したときに起こり、その興奮を鎮めるためには「言語情報」が役に立つ、ということがわかりました。言語情報が脳内に入ると、扁桃体の興奮が抑えられて、ネガティブな感情が鎮まり、気分が改善されるというのです。

それに効くのは、「ポジティブな言葉」です。

つまり不安になったら、「大丈夫！」とか「それでいい」というポジティブな言葉を口に出すだけで、扁桃体の興奮が抑えられて不安が軽くなる、というのです。

心理学にもポジティブな言葉によって自分の望む方向へ現実を変える「アファメーション」という方法があります。人は、自己肯定感を高めることで自信を持つことができますが、自己肯定感を高めるために効果的なのは、「今の自分を認めること」。

ですから、「大丈夫！」「それでいい」と声に出して言うと、不安を減らし、自信を高める効果があるのです。たとえ心からそう思えなかったとしても、とりあえず声に出して自分に言い聞かせているうちに自信が出てきます。

たとえば、試合前に不安なときにも、「私は毎日練習してきた、だから大丈夫！」と言い聞かせると、なかった自信が少し増えます。

「どうせ私なんか負けるに決まっている」と思うと、さらに自信を失って、本来の力を発揮することができません。

ハーバード・ビジネス・スクールのブルックス教授の研究では、被験者に、数学の難しい問題を解いてもらいます。試験の前に、「ワクワクする」または「落ち着いて」のいずれかの言葉を言ってもらいました。

「ワクワクする」と言ったグループは、「落ち着いて」と言ったグループや、何も言葉を発しなかったコントロール群と比較して、正答率が平均8％も高くなったのです。

試験の始まる直前に、「ワクワクする」といったポジティブな言葉を発するだけで、試験の成績が8％も上がる！　そんな簡単な、成績アップの方法はありません。ぜひ、

『極アウトプット』
読者限定無料プレゼント

本書をお買い上げくださりありがとうございます。
本書の内容をより深く理解していただくために、
3つの読者プレゼントを用意しました！

特典1 毎日ドンドン成長できる インプット・アウトプット勉強法

動画 94分

インプット→アウトプット→フィードバックの基本を学び、日々の勉強法に活かす方法。アウトプットをあなたの「学力アップ」「成績アップ」に活かしてください。

特典2 「すぐに効果が出る！ 7つのコミュニケーション心理学」

動画 23分

友人との人間関係など、日々のコミュニケーションにすぐに役立つ心理学をわかりやすく動画で解説しました。

特典3 動画で学ぶ『極アウトプット』

動画 150分

「アウトプット」「話す」「書く」「行動する」など本書の内容に対応したYouTube「樺チャンネル」動画リスト全50本、150分以上をプレゼント。文章で読み、さらに動画を視聴することで、あなたの理解は数倍に深まります。

このURLにアクセスしていただけましたら、
「3大特典」を無料で入手できます。

http://kabasawa.biz/b/eoutput.html

やってみてください。

しかし、実際の場面では、試験の前に「緊張してきた」「失敗したらどうしよう」「どうせ自分には無理」といった、ネガティブな言葉を発する人が多いのです。

試験前には、「ワクワクする」「絶対うまくいく」「大丈夫」などポジティブな言葉を発する。決して、ネガティブな言葉は発しない。

試験前に限らず、普段からポジティブな言葉を多く発することで、あなたの勉強の成績やスポーツの試合結果など、日々の努力が結果に結びつくようになります。

話す10　「打ち明ける」効果

「打ち明ける」ことも、大事なアウトプットです。

自分の本心をさらけ出すことを「恥ずかしい」と感じる人もいるかもしれませんが、悩みを打ち明けることで、不安やストレスの大部分が消えてなくなるのです。

もし皆さんが悩みを抱えていて、その問題が自然に解決しないのであれば、１人で何とかするか、誰かに相談して人の力を借りるかのどちらかしかありません。「1人で何とかする」と「人に相談して力を借りる」。この2択のうち、ほとんどの人が「1人で何とかする」。つまり、自分1人で悩みを抱え込むことを選んでしまいます。そしてギリギリまで我慢して、苦しんでいます。

でも、自分なりに努力した結果、問題が一向に解決しそうにないのなら、もはや人の力を借りなければ解決できないのは当然でしょう。

悩みや問題は、時間がたてばたつほど深刻化し、やっかいになっていくのです。ですから、**いつまでも1人で抱え込まずに、問題がこじれないうちに、誰かに「打ち明ける」「相談する」ようにしたいですね。**

そんなことは当たり前だと思うかもしれませんが、悩んでいると視野が狭くなってきて、「自分で何とかできないなら、人に相談したり頼ったりすればいい」という簡単なことすら思いつかなくなるのです。

私は精神科医として、「あと3か月早く相談してくれれば、ここまではひどくならなかったのに……」という患者さんをたくさん見てきました。

そんな患者さんたちに、「これまで誰かに相談してみましたか?」と聞いてみると、ほとんど全員が「誰にも相談していません」と答えるのです。

その理由を聞いてみると、ほぼ100%返ってくるのが、「相談したって、どうせ解決しないから」という言葉です。「誰かに相談しても、問題は解決しない。どうせ現実は変わらない」。多くの人が、そう思い込んでいるのです。

でも、精神科医から言わせていただければ、その考え方は完全に間違っています。

多くの人は、相談する目的は「問題解決」だと思っていますが、そうではありません。相談の最大の目的は「ガス抜き」です。

確かに、誰かに相談しても、「あなたが抱えるやっかいな問題」が簡単に解決することはないかもしれません。例えば、学校の人間関係が悩みの原因なら、その問題を解決するには、学校を変わるか、やめるしかありません。

でも、誰かに自分の話を聞いてもらうことによって、パンパンに膨れ上がって爆発しそうになっていた苦しみや怒り、悩みのガスの9割が抜けます。

すると、問題は解決していなくても気分が少しスッキリする。明日からもう少しがんばってみようという気分になれます。学校の人間関係は変わっていないけれど、その人の気の持ちようは変わっている。それでいいのです。

誰かに話を聞いてもらって、自分の気持ちを吐き出すガス抜きをするだけで、不安やストレスが軽減され、心の中に余裕が出てきます。

いじめ問題でも、いじめそのものをなくさなければ問題は解決しないと考える人は多いですが、他人を変えようとしても、なかなか変えることはできません。本人が自分で心の底から変わろうと思わない限り、人を変えることは不可能なのです。

だから、他人を変えようとすると多くの場合は徒労に終わり、余計に辛くなります。

こうしたとき真っ先にしなければいけないことは、誰かがいじめられている人に寄り添って、その話をしっかり聞いてあげることです。

それによって本人が落ち着き、勇気づけられ、何とかやっていこうと思えるようになれば、不思議といじめが減ってきたり、本人が「これからどうするか」を前向きに考えられるようになっていきます。

もちろん、人に相談することで具体的な対処法が示されることもあります。

また、悩みを打ち明けると、「問題点が整理される」という効果があります。ですから、「なんだ、○○すればいいんだ」と自分で解決法に気づく場合も多いです。

脳は同時に3つ程度のことしか処理できませんから、誰にも話さずに1人で考え続けていると、「こんなことを言われた」「あのときも嫌な思いをした」「あの性格のこの部分が合わない……」などと頭の中で延々と考え続けてしまいます。

誰かに話すことでその中の一つひとつを外に出していくと、その分、脳に余裕ができます。そうすると、さっきまでパニックっていた頭が嘘のように晴れて、自分の力で「どうしたらいいか」を考えられるようになるのです。

また、人に話すときには、相手にわかるように筋道を立てて話そうとします。すると、自分の中でも問題点が整理されていきます。

広い視野で全体を把握することができるようになるため、相談している本人が「では、どうすればいいのか」という答えを見つけやすくなるのです。

人の悩みを聞く専門家、心理カウンセラーも、解決法を示すことはありません。

カウンセラーは相談者の話をじっくり聞いて、「じゃあ、どうしたらいいと思いますか?」と質問するだけです。本人に話をしてもらうことで問題の整理をしてもらい、答えを自分で見つけてもらうのです。

人に話すことでガス抜きの効果があるだけでなく、順序立てて話すことで頭の中が整理され、自分自身で対処法や方向性を導き出すことができる。

これがアウトプットの力なのです。

話す11 「本音を語る」と人間関係は深まる

このように、人に悩みを吐き出すことで、辛さや苦しさはずっと楽になります。

でも、多くの人は、相談するのが苦手です。

特に日本人は、人に弱みをさらけ出すのを「恥」と思う傾向があるようです。

自分の悩みを打ち明けるなんて恥ずかしくて誰にも相談できない、という人が多いのです。

日本財団の調査によれば、「本気で死にたい」と思っている人のうち、誰にも相談をしなかった人は73・9％もいたそうです。

実際に自殺してしまったケースでも、約3分の2は誰にも相談せず、いきなり自殺を試みてしまうといわれています。家族にも、友人にも、職場の同僚にも、誰にも何も言わずに死を選ぶ人が多いということです。

これは、精神科医としては複雑な心境です。

極端なことを言えば、悩みを抱えている人がもっと相談できれば、3分の2の自殺のうちかなりの割合を防ぐことができるのではないか、と思うからです。

たった1つの原因で自殺は起きない、といわれています。大変なことが2つも3つも重なり合って、追い込まれた結果、自殺してしまう。

実際に自殺未遂をした患者さんに、後から自殺の理由を尋ねてみても、明確に説明できる人の方がずっと少ないのです。むしろ、「原因はこれ」「問題点はここ」ときっちりわかっているなら、自殺しようなどとは思わないはずです。

「つらい」「苦しい」「どうしよう、どうしよう」と頭が混乱した状態で自殺は起きます。だからこそ、本当に苦しくなる前に、辛い気持ちをすべて吐き出してしまうことが大事なのです。

人に話すことで、手が差し伸べられることもあります。また、不安や悩みがすべて取り除かれなかったとしても、ガス抜きの効果によって不安や悩みを大きく減らすことはできるのです。

1人で悩んでいる人は、「こんなことを言ったら、変な目で見られるのではないか」「相手に余計な心配をさせてしまうのではないか」と思い込んでいます。自分が相談などしたら、その相手に迷惑をかけるとか、嫌な思いをさせてしまうなど、防御や抑圧の心理も働いているかもしれません。

でも、覚えておいてほしいのは、「本音」や「自分の弱さ」など、自分の心の内を打ち明けると、相手との関係が深まりやすい、ということです。

人間は、頼られると嬉しく感じる生き物です。

「今まで誰にも言ってないけど、親友のあなたにだけは話すね」と言われたら嬉しいのです。自分を信用して自己開示してくれたら、相手は嬉しいと感じます。

心理学に「自己開示の返報性」という概念があります。**自分が自己開示をしたら、相手も徐々に自己開示をしてくれるようになり、人間関係が深まっていくという心理法則です。**

自分が辛いときは相談に乗ってもらい、相手が辛いときは相談に乗ってあげる。それを繰り返すことで、お互いの心の扉が開き、信頼関係が深まっていくのです。

ですから、自分が相談したら相手に迷惑をかけると思っている人は、友だちが落ち込んでいたときは「どうしたの？　何か辛いことでもあった？」と気にかけてあげてください。相手も同じことを思っていて、相談できないでいるかもしれないからです。

また普段から相談を聞いてあげる関係性をつくっておくことで、こちらが困ったときに相談に乗ってもらいやすくなります。困ったときに初めて相談するのではなく、日頃から、「お互いに相談できる関係性」をつくっておくことが大切なのです。

話す12　専門家に相談する

また、自分で解決できないときは専門家に相談する、という方法があります。自分より年上の人、自分より経験の豊富な人、専門的な知識を持っている人、ある分野について詳しい人などに相談するのです。

10代の方の場合は、親、学校の先生、保健室の先生、塾の先生、スポーツクラブのコーチ、部活の先輩、バイト先の先輩などがそれにあたります。

あるいは、インターネット上で悩みを相談したり、質問に答えてくれるサイトもあります。自分よりも知識や経験の多い人に相談することで、1人で何か月間も悩んでいたことが一瞬で解決できてしまうこともあるのです。

たとえば、アメリカでは小学校からスクールカウンセラーがいて、定期的に全校生徒と面談をしています。定期的に1人ずつと会って、「元気？　最近調子はどう？」と友だち感覚でいろいろな話を聞いてくれる専門家がいるのです。

ですから、何か問題が起きたときには、生徒もスクールカウンセラーのところに相談に来やすい。相談のハードルが低いのです。

一方、日本では「問題があったら相談に来てください」というスタンスが多いので、普段から関係性の薄い人には相談しにくいのです。そもそも日本には「相談」という文化が根付いていませんから、人に相談するのが苦手だという人が多いのです。

繰り返しますが、状況が好転しないのなら1人で抱え込まず、まずは誰かに相談することが大切です。一気に問題解決に結びつくことはないかもしれませんが、ガス抜きの効果は必ずあるし、話すだけで「安心」する場合もあるし、新しい可能性が必ず開けます。

私の受験生時代に、こんなことがありました。

高校3年のとき、私は医師を目指して札幌医科大学を受験しましたが、その年は不合格になってしまいました。人生で初めて味わった、大きな挫折です。

点数的には、箸にも棒にもかからないレベル。「本気でやらないと絶対に合格できない」と、心を入れ替えて「毎日10時間勉強する！」と誓い、予備校に通いました。

当時札幌には、大手の予備校が2つあったのですが、私は友人の多くが選んだ人気予備校ではなく、もう一方の予備校の医学部進学コースを選びました。そのため、友人や知人が1人もいない環境になり、勉強には集中できたのですが、孤独に勉強することになりました。

その時期に私が悩んでいたのが、英文読解です。

札幌医大の英文読解は非常に長く難解なことで有名で、十分に時間をかけてやれば解けるものの、普通の速度で読んでいくと時間が足りなくなるのです。しばらく独学でがんばっていましたが、なかなかコツがつかめません。

そこで行き詰まっていたのですが、当時、英文読解のクラスの担当だった寺井先生という方が、授業の最後にいつもこう言っていたことを思い出しました。

「わからないことがあったら、いつでも聞きに来てください」

とはいえ、実際に聞きに行く学生はいません。

でも、先生は毎回言います。

「わからないことがあったら、いつでも聞きに来てください」

そこで私は意を決し、ある日寺井先生のところに行って、「読むのに時間がかかるんです」と英文読解に対する悩みをぶつけてみました。

すると、その場で「先に設問を読んで、その後、関連する部分を重点的に読む。最初から最後まで、一字一句読む必要はない」など、英文読解のコツをいくつか教えてくれました。さらに、毎週土曜日の午後に「土ゼミ」という個別指導のゼミをやっているので、参加したらどうかと誘っていただきました。

次の土曜日にそのゼミに行ってみると、7～8人の学生が参加していました。問題を解いては、先生のところに持っていき、添削とアドバイスをもらうという形式です。

その「土ゼミ」に数か月通い続けると、英文読解は苦手どころか大の得意になり、英語の成績もぐんぐん伸びていったのです。それで自信を持つことができ、翌年の医学部受験にも無事合格できました。

もしも私が寺井先生に相談しなければ、たぶん英語は苦手なままだったでしょう。もしかしたら、翌年の受験も失敗していたかもしれません。ですから、私はボランテイアでゼミをやってくれた寺井先生には今でも深く感謝しています。

悩みは1人で抱え込んでいても、何も変わりません。ただ辛くなるだけです。

自分1人で解決できないことは、誰かの手を借りればいいのです。

話す13 「ありがとう」は魔法の言葉

あなたは、いつも周りの人に「ありがとう」と言っていますか？

感謝の気持ちは持っていても、恥ずかしくてそれを素直に口に出せないという人も多いでしょう。

「ありがとう」は言われた人が喜ぶだけでなく、言った本人にもすごくよい影響が現れる「魔法の言葉」です。

「ありがとう」と口に出すと、その人の脳内には、ドーパミンやセロトニン、オキシトシン、エンドルフィンといった幸福物質が分泌されます。セロトニンとオキシトシンには癒しの効果があり、これらの物質が分泌されるとリラックス効果が現れます。

オキシトシンとエンドルフィンには、免疫力を高める効果もあります。

特にオキシトシンは、心臓病の予防効果が高く、オキシトシンの分泌が多くなると心筋梗塞のリスクが少なくなるといわれています。

アメリカのイリノイ大学の研究によれば、感謝やポジティブな感情の多い人は、そうでない人に比べて、９年も長生きすることがわかっています。

その他の研究でも、感謝やポジティブな感情が多いと心臓血管系が安定し、免疫力が高まり、長生きすることが明らかになりました。

そして、これらの効果は「ありがとう」と言われた側にも作用します。**「ありがとう」と言った人と言われた人の両方で、幸福物質が分泌される**のです。

ですから、「ありがとう」は自分と、自分の周囲の人すべてを幸せにする言葉なのです。

若いうちは、人に感謝するなんて恥ずかしいという気持ちが強いかもしれませんが、感謝されて嫌な気持ちやマイナスの感情を持つ人はいません。むしろ感謝すればするほど、人間関係はよくなるのです。

口で伝えるのが気恥ずかしいという方は、LINEなどSNSのメッセージで伝えるのもいいでしょう。

「今日は、〜してくれてありがとう、本当に助かった」というメッセージをこまめに送るようにするだけで、友だちとの関係はとてもよくなっていくはずです。

あるいは「今日一緒に〜できて、楽しかった」という言葉だけでもいいですから、相手に感謝の気持ちを送るようにしていると、人間関係はさらに深まっていきます。

話す14　自分を成長させる「ごめんなさい」の言い方

「話す」アウトプットの最後は、「謝る」です。

子どもがもっとも口に出しにくい言葉が「ごめんなさい」かもしれません。

いや、子どもだけではありません。地位の高い大人も、プライドが高いがゆえに謝れない傾向があるのです。謝ることは「負け」だと思っているのですね。理屈では自分が悪いのはわかっているのに、つい意地を張ってしまって謝れなくなる。

そんな人におすすめしたいのは、「部分的に謝る」ことです。

たいていの争いではどちらかが１００％悪いということはありませんから、全面敗北を認めるのではなく、自分が悪かったと思える点は「ごめんなさい」と謝ればいい。

「あなたの気持ちを理解できなくて、ごめんなさい」「言いすぎてしまって、悪かった」というように、自分が明らかにダメだった部分だけはしっかり謝ること。

それであれば、ハードルもそれほど高くないのではないでしょうか。


それにしても、なぜ謝らなければいけないのでしょうか。

もちろん、こじれた人間関係を修復するためですが、それだけではありません。

誰かに謝ることは、自分自身の行いに対するフィードバックになるからです。

自分が失敗してしまった結果に対して、冷静に事実を受け止めて、次への対策につなげるのです。つまり、謝ることは自己成長に欠かせないのです。

たとえば、友だちとけんかをした際には、相手の悪かった点と自分の悪かった点をそれぞれ3つほど書き出してみるといいでしょう。

自分が怒った理由はすぐにわかると思いますが、相手がなぜ怒ったのかも、相手の立場になって考えてみるのです。

そして、今後どうしたらいいのか、「すべきこと」「対策」「修正点」を考えます。

自分の感情はいったん横においておき、実際にどういうやりとりがあって、なぜ相手が怒ったのかという現実をきちんと分析し、予防策を考えるということです。

このフィードバックは、「感情と事実を分ける」という訓練にもつながります。

一朝一夕にできるほど簡単なことではありませんが、そうしたトレーニングを重ねることによって、感情を切り離して、現実を冷静に見られるようになります。

すると、友だちとのトラブルや、人に叱られるようなことも減っていくはずです。

でも、いつまでも「自分は悪くない」と言い張っている人は、「インプット→アウトプット→フィードバック」のサイクルを回すことができません。「悪くない」＝「改善すべき点がない」のですから、成長するはずがありません。

つまり、「謝らない人」「謝れない人」は、自己成長できないまま、今後も同じ過ちを何度も何度も繰り返し続けるのです。

フィードバックは、単に反省することとは違います。

反省は、「何が悪かったのか」というマイナス面だけに注目するため、モチベーションが下がります。「次はがんばるぞ！」というモチベーションにつながらないのです。

フィードバックの際は、ポジティブな面にも目を向けることが大切です。自分のよかった点と悪かった点を公平に振り返り、そこから学んで、次に生かせることはないかと考えるのです。

「悪かった点」を修正するのは当然として、「よかった点」は次も続けていく。さらに、「よかった点」に力を入れることで成功確率を高めることができます。

フィードバックすることによって、私たちは「失敗を経験に変える」ことができるのです。

フィードバックの基本的な方法は

(1) 悪かった点を3つ書き出す

（2）よかった点を3つ書き出す
（3）今後すべきこと、修正点、改善点を3つ書き出す

この3ステップで進めるといいでしょう。

さらに、ある心理研究によると、素直に謝ることのできる人は、周囲からの評価が高まることがわかっています。多くの人は、謝ると自分の評価が下がるように思うかもしれませんが、結果的には素直に謝った方が相手の印象がよくなり、得だということです。

謝ることは、「負け」ではなく、「フィードバック」です。自己成長には欠かせない、大事な経験になるのです。

第4章　書く

書くと記憶力や学習能力が高まる

この章で取り上げるアウトプットは、「書く」ことです。

書くことは、話すことに比べて圧倒的に強く記憶に残り、自己成長をスピードアップさせます。でも、どうして書くことがそれほどいいのでしょうか?

それは、書くことによって脳内の「脳幹網様《もうよう》体《たい》賦《ふ》活系《かっけい》（Reticular Activating System＝ＲＡＳ《ラス》）」が活性化されるからです。

「脳幹網様体賦活系」。何だか難しそうな名前がついていますが、一言で言うと「注意の司令塔」です。ＲＡＳというのは、脳幹から大脳に向かう神経のネットワークで、大脳皮質全体に「注意」を促す司令塔（コントロールセンター）のような役目を担っています。

学校の授業で先生が、「ここ試験に出るので覚えておくように」と言いますよね。

それと同じです。ＲＡＳは、「ここ重要だから覚えておくように」という指令を脳全体に発するのです。

このRASを刺激するもっとも簡単な方法が、「書く」ことです。**RASが刺激されると、集中力が高まり、脳が活性化します。結果として、記憶力や学習能力が高まるという仕組みです。**書けば書くほどRASが刺激され、脳全体も活性化していく。これが、「書く」アウトプットの科学的な効果です。

ですから、勉強するときは、常に書くことを意識してください。

教科書を読みながら、重要なキーワードが出てきたら、それを書き出す。重要なポイントが出てきたら、それを書き出す。書いて書いて書いて書きまくる！

勉強中は、常に手を動かしているイメージです。

書くことはますます重要に

インターネットやSNSが隆盛の今、私たちはメッセージというテキスト（文字）でやりとりをしています。

動画、オンライン会議によるやりとりは、顔の表情なども伝わりやすいので便利な面もありますが、動画であれば動画を撮る時間、見る時間がかかり、オンライン会議はその時間中、パソコンやスマホに張りつかなくてはいけません。

近い将来にテキスト情報を凌駕する伝達手段が登場する可能性は、今のところ極めて低いでしょう。文字で情報をやりとりするという状況は当面の間、変わることはないのです。つまり、文章を書くアウトプットの力は、インターネット時代においてますます重要になることは、間違いありません。

今までの社会では、「話す」ことがコミュニケーションの主力でした。仕事でも、営業職であれば話すのが得意な人の方が仕事をとってきたり、社内でも会話や雑談によって信頼関係を築いたり、対面の「話す」コミュニケーションで部下からも信頼されたりしていました。

それがインターネットの普及によって、書くコミュニケーションへシフトしました。会社では、メールやチャットによる連絡なしでは、仕事ができない状態です。

一昔前では、仕事のツールとして「電話」（話す）が欠かせませんでしたが、今やメール、メッセージ、チャットが主流です。さらに、コロナ禍によるテレワークの普及によって、「対面」で直接話す機会が、ネット上のやりとりに急速に置き換えられています。

私たちのコミュニケーションは、リアルからネットへ、「話す」から「書く」へ大きくシフトしています。

ですから、今後は今まで以上に「書いて伝える力」が必要になってきます。

ところで、今多くの若い世代はスマホやタブレットをメインに使っている人が多いようです。

大学に入ってから、卒論を書くために初めてキーボードを触ったという人もいれば、社会人になるまでパソコンを持ったことがないという人もいるようです。

また、普段SNSでやり取りするメッセージは、まとまった文章というより、どちらかと言えば話し言葉に近い短文が主流です。学校の授業でも、板書をノートに書き写すことはよくやりますが、自分の考えを文章にまとめるという作業は、それほど多くありません。

「書いて伝える力」がこれまで以上に重要になってきているのに、そのトレーニングができていない人が多いのです。学校でも、「書き方」をきちんと教えないわけですから、「書き方」を上達させたければ、独学で学ぶしかありません。

逆にいえば、社会人になる頃には多くの人が書く練習をしていない中で、あなたが書く練習をしていけば、「書く力」に圧倒的な差が出ているはずです。

文章がうまく書ける人と書けない人では、「仕事の成果」だけではなく、「友だちとのコミュニケーション」にも大きな差がついてくるのは間違いありません。

また、**「書く」アウトプット力は、書けば書くほど伸びていきますが、一朝一夕ですぐに身につくものではありません。日々の習慣として書き続けることによって効果が出てきます**から、早くから「書く」アウトプットを始めるほど有利になるのです。

書く1　手書きで記憶は強化される

はじめに紹介するのは、「手書きで何でも書き出す」ということです。

私も、学生時代の試験前にはとにかく覚えるために、書きまくっていました。定期試験前の2週間で、ボールペンが3本以上なくなるほど書きまくっていました。覚えなければいけないものをノートやチラシの裏などに、とにかく書いて記憶していたのです。

なぜそんなことをしていたかといえば、教科書を読んだだけでは覚えられなかったからです。

中学のときクラスで一番成績のいい人に、どうやって勉強しているか聞いたら、「教科書は1度読めば覚えられるでしょう」と言われて驚きました。それは普通の人には絶対に無理だし、自分にも無理だと思いました。では、効率的に記憶する方法はないのか？　と、いろいろな方法を試す中、「書きまくれば、覚えられる！」という勉強法に到達しました。

「書く」ことは「記憶する」ことそのもの。書けば書くほど記憶に定着します。

さらに、ただ教科書を読むだけでなく、問題集を解くのも効果的です。問題を解くということは、知識を実践的に活用するということ。それによって、脳が「これは重要な知識だ」と判断するのです。つまり、「問題を解く」のも、重要なアウトプットの一つです。

また、20ページでも触れたように、手を使って書く場合は運動神経を使いますが、運動神経を使った記憶は「運動性記憶」として定着しやすくなります。脳の仕組みから言って、「忘れづらい記憶」として定着します。

最近では、タブレットを使った授業も増え、大学生などはノートパソコンで板書を記録する学生も増えています。しかし、いくつかの研究によれば、キーボードの入力よりも、手で書いた方が記憶に残りやすく、勉強の効果が出やすいことがわかっています。

たとえば、プリンストン大学とカリフォルニア大学ロサンゼルス校の共同研究で、ある分野の試験勉強を課したとき、ノートパソコンでノートを取ったグループよりも、手書きでノートを取ったグループの方がよい成績をとり、より長時間にわたって記憶が定着したという実験結果があります。また、「手書き」のグループの方が、新しいアイデアを思いつきやすい傾向にあったこともわかりました。

さらに、ノルウェーとフランスの共同研究でも、手書きとタイピングをしている最中に、ＭＲＩ（磁気共鳴画像／体の内部をスキャンして画像化する装置）で脳の働きをスキャンしたところ、手書きをしているときだけ、脳の言語処理に関わる「ブローカ野」という部位が活性化していることが明らかになりました。

つまり「タイピングするより、手書きの方が勉強の効果が高い」ということです。

書く２　体験したらすぐに「メモ」

読書をした後、映画を観た後に、その感想や気づきノートにまとめることは、非常によいアウトプットのトレーニングになります。

本を読んだら本の感想を書き、旅行に行ったら旅の思い出を書く、などです。たとえば、私は映画評論もしていますので、映画を観たらすぐその後にメモをとるようにしています。セリフや内容、感動したポイントなどをまとめるのです。

なぜ直後にメモをとるのかというと、時間とともに記憶が薄れていくからです。次の日になったら、映画のセリフや細かい描写は曖昧になってしまいますから、脳がもっとも多くの情報を保っているインプットの直後に、その体験をアウトプットするのがベストです。素晴らしい体験をしたり、本を読み終わったり、映画を観たりして心を動かされたら、すぐにメモしておきます。

いくら素晴らしいインプットしても、そのままにしていたら、そのときの感動や感情、情報は時間とともに失われ、どんどん曖昧になっていきます。**「書き出す」という作業によって、そのときの「脳内」の状況を写真に残すように鮮やかに記録に残すことができるのです。**

そして、自分が体験したことの感想や記録を書くのは簡単で、いつでも、誰にも始めやすいトレーニングです。

楽しかったこと、心を動かされたことを、形式にとらわれず素直にメモすればいいのです。楽しいことを思い出しながら書くと、また楽しくなります。

その方法は簡単です。

「アウトプット用のノート」を１冊用意しておき、何でもメモするだけ。

私は、映画のメモも、読書のメモも、仕事の打ち合わせのメモも、全部１冊のノートに書いています。私が愛用しているのは、Ａ４サイズの５ミリ方眼罫のノートです。

一本の映画の感想をメモすると、たいてい見開き２ページ程度になります。

映画を鑑賞した直後に、よかったセリフや好きな場面、それについてどう感じたかということを、だいたい10分から15分くらいで一気に書いてしまうことが多いのですが、観た直後なので、細かい描写なども鮮明に覚えています。

このアウトプット用ノートは人に見せるものではありませんから、きれいに書く必要はありません。頭の中で考えたことや思ったことを、「箇条書きで書く」や「キーワードだけを書く」「殴り書きで書く」など、思うままに書いてください。

書く3　文章を書くと「考える力」が手に入る

さらに、メモをした内容を元に、もう少し長い文章をノートや日記にまとめる。SNSに投稿するのもいいでしょう。

SNSの投稿は中学生や高校生にはトラブルの元になることもありますから、まずは人に見せない日記から練習していくといいでしょう。

本を読み終わったら、その本の感想文を日記帳に書く。

あるいは、どこかに遊びに行ったら、その感想を日記帳に書くことです。

文字数は、最初のうちは少なくても構いません。

200文字くらいから始めて、400文字、800文字……というように、少しずつ文字数を増やしていきましょう。文章力がついてくれば、無理せずとも長い文章が楽に書けるようになっていきます。

アウトプットした量は、すなわちその人がインプットした量を反映しますから、2

00字書いたときよりも800字書いたときの方が4倍、知識や気づき、感動をキャッチできたといえます。本一冊の感想を800文字で楽に書けるようになると、まずまずのアウトプット力といえます。

なぜ、自分の体験をわざわざ文章にまとめ直すのかというと、文章を書く作業は、自分の頭の中にあるものを言語化するトレーニングになるからです。

頭の中に入っている情報というのは、おもちゃ箱に入ったおもちゃのように、ごちゃごちゃとしてまとまりのないものです。口で話せば何となく伝わるのに、いざ文章で伝えようとしたら、自分の思ったことがうまく書けないことってありませんか？

「書く」という作業は、この頭の中のまとまりのないものをいったん取り出して、きれいに整理していくということです。ですから、映画を観たら書く、本を読んだら書くというアウトプットのトレーニングを続けていると、**頭の中を整理して考えをまとめる、思考力のトレーニングになるのです。**するとたとえば誰かともめたときにも、「なぜ、けんかが起きたのか？」ということを、客観的に見直し、整理し、分析し、解決方法まで自分で導けるようになります。

ごちゃごちゃした経緯や状況を文章にする。つまり、「言語化」することで、思考力、分析力など、順序立てて考える力が養われるのです。

この言語化能力は、社会人になったときにものすごく役に立ちます。自分の考えや意見を相手に適切に伝えることができる。なぜ失敗したかを自己分析し、修正できるので自己成長が圧倒的に早い。アイデアや企画を、上手に文書にまとめることができる。など、いいことだらけです。

さらに、言語化する能力は、分析する能力ともいえます。

たとえば、『鬼滅の刃』の感想を書くときには、「おもしろい」だけでは文章はすぐに終わってしまいます。登場人物が個性的。炭治郎の優しさと励ましに勇気づけられる。善逸の「お笑い」パートが笑える。鬼が死ぬときの走馬灯のような回想シーンが泣ける。苦境に陥っても「あきらめない」というテーマに共感する。ド迫力な戦闘シーンがいい。など、具体的な「面白さ」をたくさん列挙することができます。これが、「分析する」ということ。

ですから、漫画やアニメの感想を書くだけでも、考える力や物事を客観的に捉える力、分析能力を伸ばすことができるのです。

書く4　効率的に作文を書く2つのコツ

「作文が苦手」という方は多いですよね。

でも、大学に入ればレポートや論文を書くのは日常茶飯事。会社に入るために就職活動をする際は、文章で自分のことをうまく伝えられなければ、エントリーシートや作文など、面接の前段階で落とされてしまうでしょう。

社会に出ると、日報、報告書、企画書、提案書などで、様々な書類を書かなければいけません。せっかくいい仕事をしていても、文章で上手に報告しアピールしていかなければ、誰もあなたのことを評価しません。多くの企業では、仕事の連絡、報告は、メール、メッセージ、チャットなど「文章」「テキスト」でやりとりするのが基本です。

つまり、社会に出たときに、「文章が書けない人」「文章が下手な人」「文章が苦手な人」は、ものすごく損をするのです。

10代の今から書くトレーニングをしておけば、書類作成で困らない。むしろ他の同期入社よりも圧倒的に速く書類作成ができる。いざというときに自分の思っていることをきちんと伝えることができる。メール、メッセージなどのコミュニケーションも円滑で、誤解を受けるようなこともなくなるはずです。

そのためのトレーニングとして「作文」や「小論文」を書くと、ものすごく効果があります。

作文を書くときにもっとも大事なことは、自分の思っていることや考えていることを相手に正しく、適切に伝えるということです。

たとえば、あなたの頭の中で『鬼滅の刃』の魅力が「100」だとしても、それを文章で伝えるときにうまく表現できれば、魅力は「120」にも「130」にも増幅するのです。

反対に、文章でその良さをうまく伝えることができなければ、魅力は「70」や「50」くらいに劣化してしまいます。それは非常にもったいないことですよね。

では、相手に伝わる作文は、どう書いたらいいのでしょうか？
作文を簡単に書くコツは、２つあります。

コツの１つ目は、書き始める前に「誰かに作文の内容について話してみる」ことです。「話す」と「書く」では、「話す」方がはるかに簡単です。ですからいきなり文章を書き始めるのではなく、「書こうと思っている内容」を言葉に出して話してみるといいのです。

作文を書く場合、ほとんどの人はいきなり原稿用紙に書き始めようとします。あるいはパソコンを開いて、いきなり文章を入力しようとします。だから苦労するのです。構成を決めないでいきなり文章を書くことは、今まで30冊以上の本を書いている私ですら不可能です。

たとえば、「部活」について作文を書くとしたら、どんなことが書けるでしょうか。親でも友だちでもいいですが、誰かとそれについて話してみましょう。

作文が苦手だという人は、決まって「何を書けばいいかわからない」とか「書くことがない」と言います。ですから、紙に書く前に、ブレインストーミング（自由に意見を出す会議）のように、思いついたことをひと通り、口に出してみます。

友だちが相手なら、いろいろ質問しあって内容を深めていくのもいいですね。

この過程で出てきたことは、もらさずメモをするか、できればスマホのボイスレコーダーで録音しておきましょう。

文章が苦手な人ほど、何も考えずにいきなり書きだそうとします。材料もないのにまとまった文章をいきなり書くのは無謀です。

でも、話すのだったら、気楽にできるでしょう。「部活でこんな出来事があった」「部活の楽しさや辛さ」など、何でもいいから「話す」アウトプットから始めるのです。


伝わる作文を書く2つ目のコツは、「構成を決めてから書く」ことです。

多くの人は、何を書こうかと考えながら書きます。一文を書いては、次はどうしようかと、いちいち立ち止まって考えています。それに時間をとられてしまうと、先に進めなくなってしまいます。

ですから、いきなり文章を書き始めずに、先に全体の構成を考えておきましょう。自分が書けそうと思える材料が出てきたら、その中からいくつかを選び、どのような順序で書くかを考えるということです。これは、家を建てるときの設計図のようなものです。設計図がなければ、家は途中で崩れてしまうかもしれませんよね。

作文も、先に構成を決めておかなければ、途中で行き詰まり、何が言いたいのかよくわからない文章になってしまいます。

文章構成の基本的なパターンはいくつかありますが、それほど長い文章でなければ、「序論 ↓ 本論 ↓ 結論」という構成が書きやすいでしょう。

「この作文で何を書くか」から始め、「中心となるエピソードや、そのときの気持ち」に触れたら、最後は「まとめ」として自分がどう変わったのか、どう成長したかなどに触れるのが典型的なパターンです。

または、「結論 ↓ その根拠や理由 ↓ まとめ」のパターンもあります。

先に自分の言いたい結論を書いてから、その理由を説明するものですが、シンプルな構造ですから、読む側にとってはわかりやすいと思います。

物語のように「起→承→転→結」の4段階で構成するのも、効果的です。

どんな構成でもいいのですが、まとまった文章を書く前には、必ず構成を決めてから書き始めることです。構成というと難しく聞こえますが、これから書こうとする作文の内容を3〜5行程度で、1行1項目の箇条書きで書けばいいのです。

「序論、本論、結論」であれば、序論1行、本論3行（3項目）、結論1行を書けばいいのです。

早く終わらせたいからといっていきなり書き始めるよりも、構成をしっかり決めてから書く方が、はるかに早く書き終えることができます。私の場合で言うと、構成を決めることで、書くスピードは3倍以上速くなります。

書く5　読書感想文テンプレート

読書感想文が苦手という方は多いですが、上手な読書感想文を簡単に書く方法があります。

簡潔に読書感想文を書くためには、「テンプレート」を使うのがおすすめです。「テンプレート」（ひな形）を埋めるだけで、文章の構成が簡単に決められます。

「読書感想テンプレート」には、いくつかありますが、一番簡単なのは、

「ビフォー」＋「アフター」（「気づき」＋「TO DO」）

というひな形です。

テレビで話題になったライザップのCMもそうですが、変わる前（ビフォー）と変わった後（アフター）を対比させると、大きなインパクトを与えることができます。

読書感想テンプレートでは、その本を読む前の自分のことから書き始めます。以前の自分はこんなことに悩んでいた、ということです。

次は、本を読んだ後の自分についてです。

まずは「気づき」。その本を読んで、自分はどんなことを知ったのか。

そして、「TO DO」。これからどうしたいと思うようになったのか。「TO DO」は「やるべきこと」という意味です。

つまり、**読書感想テンプレートの基本形**は、次のようになります。

ビフォー／この本を読む前の私は、～でした。
気づき／この本を読んで、私は……ということを知りました。
ＴＯ ＤＯ／これからは、○○をしてみようと思います。

このテンプレートを使って、本書『極アウトプット』の感想を書くことを想定して、例文を書いてみます。
まずは、「ビフォー」「気づき」「ＴＯ ＤＯ」の3行を埋めていきます。

ビフォー／記憶力が悪いことに悩んでいた
気づき／インプットではなく、アウトプットで記憶は定着する
ＴＯ ＤＯ／「書く」アウトプット中心の勉強に切り替える！

あとは、この3行について詳しく肉付けしていきます。

ビフォー／　この本を読む前の私は、記憶力が悪いのが悩みでした。がんばって勉強をしても、テストの本番になると忘れているのです。「教科書のあそこに書いてあったのに！」と悔しく思うことが何度もありました。

気づき／　先日『極アウトプット』を読んだところ、「単に教科書を読んでいるだけでは、記憶は定着しない」と書かれていて、ドキッとしました。それまで私は教科書を読むのが一番大事だと思っていたからです。

それよりも、「手を動かして書くことで、脳は大事な情報だと認識して記憶に残りやすくなる」というのです。自分は、今までインプット中心の勉強をしていたので、うまく記憶ができなかった。別に「頭が悪い」わけではなかったのです。

そこで、なかなか覚えられなかった英単語を3日ごとに１００回ずつ書くという作業を2週間で3回やってみました。すると、この間の英単語のテストで、初めて満点をとることができました。
ＴＯ ＤＯ／ インプットとアウトプットの黄金比、３対７をめざす。２週間で３回アウトプットする。「書く」アウトプットを意識する。これらをしっかりと実行して、結果を出したいと思います。

これで、だいたい４６０字です。

やってみればわかると思いますが、テンプレートの3行を書けたら、肉付けしていく作業はそれほど難しくはありません。「原稿用紙1枚程度」という課題であれば、慣れれば15分で書き終えることもできるでしょう。

大事なことは、その本のどこに一番インパクトを受けたのか（気づき）、そして、読んだことで自分がどう変わったのか（アフター）をしっかり書くことです。

本の感想文において、「本からの引用」で文字数を埋めようとする人がいますが、あまりいいことではありません。

あなたが何を感じたのか、どう思ったのか、何に気づいたのかが重要です。「自分の考え」「自分の気づき」にはオリジナリティがありますが、「本からの引用」にはオリジナリティはないのです。

引用が多いと、他の人と似たような文章ができあがるだけです。

まず構成をきちんと書いて、あとはそれを膨らますだけ。何度か練習すれば、すぐに身につくでしょう。

読書感想文は、自己成長につながる極めて効果のある、私がもっともおすすめするアウトプットのトレーニングです。

その理由はたくさんありますが、まず読書そのものにも「結晶化した知識を得られる」「知力がアップする」「読解力がアップする」「問題解決できる」「視野が広がる」「自己洞察力がアップする」など、自己成長をアップさせる効果がたくさんあります。それをアウトプットによって、強化、定着させることができます。

ですから、本というのは積極的に読んだ方がいいのですが、インプットだけでは記憶として定着しません。多くの人がせっかくいい本を読んでも、その内容を忘れてしまうのは、インプットしただけで終わってしまうからです。本を読んだ後、その感想を書いておけば、それは強固な記憶として残り、本の内容があなたの血となり肉となるのです。きちんと感想文を書いた本の内容は、10年たっても忘れません。

さらに、**感想を書くことを前提、つまり「アウトプット前提」で本を読むと、「攻めの読書」ができるようになり、普通に読むよりも多くの情報を読み取れるようになります。**

なぜなら、後で感想を書くためには、情報をしっかり集めなければいけません。そこで、「この部分は自分にとって重要だ」「自分の気づきはここだ」「この一文を引用しよう」「この話を皆に伝えたい」という注意のアンテナを立てながら読むことになります。

また、感想文を書く前提で読むと、「人に説明できるレベル」で読むことになります。「何となく理解した」程度の浅い読み方では、人にうまく説明できないために、読み方も自然と深くなるのです。

感想文を書くことで、思考力や分析する力が伸びることも重要です。

結果として、読書感想文を書くことで「文章力」「アウトプット力」が飛躍的に伸び、自己成長が加速するのです。

書く６　「３行ポジティブ日記」でやる気アップ！

「アウトプットを始めたいけれど、何から書いたらいいかわからない」という方に、私がぜひおすすめしたいのが「日記」です。「特に書きたいことがない」という人でも、今日一日の出来事や感想なら、何かしら書くことがあるはずです。

日記というのは、毎日書くものですから、毎日続けることによって「アウトプットする習慣」が身につくというメリットもあります。

最初は、１日を振り返って書くのに、少し時間がかかるかもしれませんが、文章を書く能力は日に日に身についていきますので、文章を書くスピードもどんどん速くなっていきます。

また、1日を振り返るということは、自分自身を見つめ直すという作業です。それによって何が鍛えられるかといえば「自己洞察力」、つまり自分自身を見つめて内省する力です。自分の言動を振り返ることで、自分の考え方のクセも客観的に把握できるようになります。


では、具体的には、どんな日記を書けばいいのでしょうか。

皆さんにおすすめしたいのが、寝る前に書く「3行ポジティブ日記」です。

今日あった楽しかった出来事、嬉しい出来事、自分を褒めたいと思ったことなど、ポジティブな出来事を3つ書くというワークです。

最初のうちは、よかったことを3つ思い出すのは大変かもしれません。

「いいことなどなかった」という日でも、何とかしぼり出して書いてください。

「もらったお菓子がおいしかった」「友だちと話せた」「青空が清々しかった」など、どんな些細なことでもいいのです。

さらに出てくるようなら、3つ以上書いても構いません。

最初のうちは、3つの出来事を箇条書き（1個1行）で書くことから始めましょう。

慣れてきたら、その3つの出来事をもう少し詳しく書いてみる。

もっと慣れてきたら、それぞれについてさらに長い文章にしていきます。

大事なことは、ネガティブな出来事は書かないように注意して「ポジティブなことだけを書く」こと。これを毎日行っていると、ポジティブなことや楽しいことを発見する能力が高まっていきます。

「楽しい」を発見する能力が高まるということは、脳内にドーパミンが出やすくなるということです。「やる気」をアップさせる効果があるドーパミンが分泌されれば、勉強面でも、集中力や記憶力も高まります。

楽しいことやポジティブなことを探し出すにも、練習が必要です。

毎日、ポジティブ思考のトレーニングを意識的に行うことで、最初は「楽しいこと」を3つ出すのが精一杯だったのが、次第に5つ、7つと増やしていけるようになるでしょう。

それにしても、なぜ、寝る前にこのワークをやるのでしょうか？

それは、眠る前の15分が「記憶のゴールデンタイム」と呼ばれるほど、記憶を定着させるのに適している時間だからです。

人の脳は睡眠をとっている間に、一日のインプットされた情報を整理し、記憶として定着させます。ですから、何かをインプットした後に何もせずにすぐに眠ると、情報同士がぶつかり合わず整理しやすい。記憶として定着しやすくなるのです。

それを検証した実験があります。

実験では、夜に被験者たちに勉強してもらった後、眠るまでの2時間に「何もしないグループ」と「映画を観るグループ」に分けて、次の日にテストをしてその成績を比べてみました。すると、映画を観たグループの方が成績は低くなり、何もしなかったグループの方の成績が高くなりました。

インプット後に余計な情報が入力されると、脳の中で情報同士が衝突して、定着しようとしていた記憶を混乱させてしまうのです。これを「記憶の衝突」といいます。

ですから、もしも勉強した内容を記憶としてしっかり定着させたいのであれば、夜に勉強した後は、すぐに寝てしまうことをおすすめします。

「記憶の衝突」が起こらず、記憶に残りやすくなります。布団に入ってから眠るまでの時間も、余計なことは考えずに、先ほど記憶したことを頭の中で反復してください。

この「寝る前15分の暗記」は、受験生には非常におすすめです。今まで暗記できなかった複雑な公式や難しい英単語が、嘘のように暗記できます。目が覚めた瞬間に、前日暗記したものが、頭の中に浮かび上がってきます。

寝る前の「記憶のゴールデンタイム」を活用し、「記憶の衝突」を避けると、ものすごく記憶が定着します。

ですから、日記を書く場合、洗顔や歯磨きなど就寝の準備をした後に、３行ポジティブ日記を書いてください。書いた後は、そのまま布団に入り、３つの出来事の中の一番楽しかった事を思い浮かべながら寝てください。

しかしながら、寝る前にネガティブなことを考える人が多いのです。寝る前の「記憶のゴールデンタイム」に、「宿題を忘れて先生に怒られた」ことを思い出すと、その出来事の記憶が強化され忘れられなくなります。あなたが、1週間しても、立ち直れないのはそのせいです。

「宿題を忘れる自分は、なんてダメな奴だ」と思い出すのは、それを自分に刷り込んでいるのと同じです。つまり、ネガティブ思考を強化し、自己肯定感を下げてしまう。**寝る前に「ネガティブな出来事」を考えながら寝ることは、自分を「ダメ人間」に改造しているのと同じなのです。**

でも、怒られたことを考えてはいけないと思えば思うほど、考えてしまうもの。人は同時に2つのことは考えられないので、「ポジティブな出来事」を考えながら眠れば、ネガティブを頭から追い出すことができるのです。

ということで、ポジティブ3行日記を書いて、楽しいイメージを思い出しながら眠る。それだけで、睡眠が深まりグッスリ眠ることができるし、あなたのポジティブ思考は強化されていき、日々の生活も楽しくなっていきます。

書く7　「賢者のワーク」で失敗を学びに変える

日記にはネガティブな出来事は書かないよう注意すると書きましたが、どうしてもイヤな出来事が頭から消えないとき、あるいはネガティブな思いを吐き出さずにいられないときは、「賢者のワーク」がおすすめです。

これは、**ネガティブなことを書いたら最後は必ずポジティブな言葉で締めくくるというワークです。**

これも、やり方は簡単です。

今、頭の中にある嫌なことやネガティブなことを、頭の中からすべて出し切るイメージで、ノートに書き出します。きれいな文章でなくてもいいので、とにかく思っていることを全部吐き出します。

書いたら、30分ほどノートを放っておきます。

30分ほどたったら、再びノートを開いて、自分が書いたものを読み返します。

そのときは、その文章は「あなたの友だちが書いたもの」と思って読み返してください。自分が書いたものではなく、「第三者である他人」が書いたものと思いながら客観的に読むのです。

そして、「あなたの友人」に向けて、「専門家や賢者になったつもり」でアドバイスを書いてください。この文章を書いた人に、「どうしたら元気になるか」「次からはどうしたらいいか」と言葉をかけてあげるイメージです。

たとえば、「誰でもするような些細なミス。気にすることはない!」とか、「間違いに気づいただけでもえらい。次から気をつければ、きっとうまくいく!」。

その文章を書いた〝友人〟を否定せず、受け入れてあげるイメージです。友人を励ます、勇気づけるメッセージを書きましょう。

まるで人ごとのようにアドバイスをするわけですが、この「人ごと」感が大切なのです。

先生に怒られると、「怒り」や「反発」が湧き上がるように、人はある出来事が起こると、「感情」反応を起こします。激しく感情が湧き上がると、「事実」と「感情」

が一体化して、人は物事を客観的に見られなくなるのです。

そんなとき、文章にすることで「事実」と「感情」が切り離されます。さらに少し時間を置くことによって、「感情」がより薄まります。また、人ごとのように見ることで、客観的に読めるようになります。

これが、**アウトプットによる「客観視」の効果**です。

いったん言葉にして整理することで、苦しい感情を手放すことができるのです。やってみればわかりますが、非常にスッキリとした気持ちになります。そして、たった30分の時間をおくだけでも、他人の文章のように客観的に（つまり冷静に）読めていることを実感するはずです。

賢者のワークの効果は絶大ですが、重要なのは「同じテーマ」について、何度も行わないことです。「ネガティブな吐き出し」は、一回で完結してください。

賢者のワークで吐き出したことは、きれいさっぱり忘れてください。次の日に、その内容を友だちに話したりしないでください。

２週間に３回アウトプットすると、強烈に記憶に定着します。それを防ぐために、**「た**

った1回だけ吐き出して、すべて流して忘れる」のが、賢者のワークの目的です。

また、「賢者のワーク」は、「忘れる」ワークなので、寝る直前にはやらないでください。

心理療法のテクニックに、悩みやネガティブなことをひたすら書き出す「エクスプレッシブ・ライティング」（筆記開示）というものがあります。ネットでも「エクスプレッシブ・ライティング」を推奨する記事がたくさん出ています。しかし、「ネガティブ」ばかりを何度も書き出すと、全くの逆効果になりますので注意してください。

前述のように、「話す」「相談する」とガス抜きになって、ストレス発散できます。しかし、「相談できる相手がいない」という人が多い。友だちや相談できる人がいなくても、自分一人でガス抜きできるのが、賢者のワークのいいところです。

ネガティブな吐き出しは、一度で終わらせる。ネガティブな吐き出しをしたら、必ずポジティブな言葉で締めくくること。それを忘れないでください。

書く８　「まとめノート」は究極の勉強法

中学生や高校生の中には、授業中のノートのとり方について迷っている方もいるかもしれません。

私のYouTubeチャンネルにも、「自分なりにノートをまとめた方がいいのか。それとも、教科書や参考書に書き込んだ方がいいのか」という質問をよくいただきます。

勉強法にはいろいろありますから、自分に合った方法を選ぶのが一番です。ただ、私自身が昔から実践していて、皆さんにもぜひおすすめしたい勉強法があります。

それは、「まとめノート」を作ることです。

授業中に先生の板書をノートに書き写すのは誰でやっていると思いますが、それをもう一度、自分なりにノートにまとめ直すということです。

まとめノートを作る際は、まず、教科書の内容や先生の板書から大事なところを要約していきます。

その際には「過去に出題された問題」「過去問集に掲載されている問題」を柱にしてまとめていくといいでしょう。

また、「問題集で自分が間違えたところ」も追加していきます。一度まとめノートをつくって終わりではなく、定期試験や模擬試験のたび、不十分な点を書き加えて、完全版のノートに近づけていくのです。

また、特に重要なところにはアンダーラインを引くなど、区別しておきます。

さらに視覚（ビジュアル）を使うと、口頭で説明を聞くよりも6倍以上記憶に残りやすいという研究データがあります。文字よりも、図や表の方が圧倒的に記憶に残りやすく、思い出しやすいのです。ですから、自分で図を描くとか、表にまとめ直してみるのもいいでしょう。

自分で絵やイラストを描くのもいいことです。赤、黄色などのマーカーを使って、目立たせる。「色」を活用するのもいいでしょう。

つまり、**「このノートを試験中に見たら、必ず100点がとれる」というノートをつくる**のです。

私自身、中学、高校、大学受験はその方法でずっとやってきました。試験前は、「このノートさえ暗記すれば満点がとれる」のですから、「まとめノート」がお守りのようになります。そこだけチェックすればいいのです。

先日、ウイスキーのソムリエ資格ともいえる「ウィスキープロフェッショナル試験」を受けたときも、自分で試験用のまとめノートを1冊つくり、そこに試験に必要な知識をすべて書き込みました。それをしっかり覚えて試験に臨んだ結果、合格率40％のこの難関試験で、一発合格することができました。

最近の記憶研究によると、記憶は「理解」→**「整理」**→「記憶」→「反復」という4つの過程を経て定着することがわかっています。

この4つの過程の中で、もっとも大事な過程が「整理」です。

きちんと整理された情報は、記憶を定着させる効果がありますから、視覚的にも見やすく、論理的に整理されているまとめノートをつくることで、効率的に覚えることができるのです。

さらに高得点を目指す人は、「まとめノート」の全アウトプットを行ってください。

定期試験の前にまとめノートをつくり、暗記します。ある程度暗記したら、何も見ないで「まとめノート」のすべての内容を書き出していくのです。

書けなかったところは、「暗記できていない」証拠。一字一句、すべて書ければ、ノートが全部暗記できたという証拠。満点も十分にとれるはずです。


一方、まとめノートをつくらずに、教科書や参考書にいろいろ書き込む「書き込み派」もいます。ただし、先生の話を聞きながら教科書に書き込んでも、それだけでは頭の中が整理されないため、記憶を定着させる効果はありません。

さらに「まとめノート派」の利点は、試験直前に威力を発揮することです。

試験前日や当日の朝など、短時間に復習するとき、試験範囲が広いと、「書き込み派」は教科書の大量のページを見通す必要がありますから、全範囲を復習することは時間的に無理なのです。

「まとめノート派」の場合、ノート1冊で試験範囲のすべての復習が効率よくできますから、30分しか時間がとれないときでも、しっかり復習できるのです。

私に言わせれば、まとめノートは「究極の勉強法」。**試験の成績が悪い人ほど、「丸暗記」しようとします。整理というプロセスを省略してしまうのです。**しかし、記憶には、「理解」→「整理」→「記憶」→「反復」の4つのプロセスが必要です。「整理」を飛ばすと、記憶しづらく、忘れやすい状態になるのです。

まとめノートは試験対策に欠かせないだけでなく、重要なところをわかりやすく整理し、再構築するという作業は、脳を鍛える絶好のトレーニングになります。

ノートのまとめ方は人それぞれで、自分に合ったものをつくるべきです。ノートのつくり方に関する本もたくさん出ていますので、成績のいい人はどんなノートをつくっているのか、効率的なノートはどんなものか、ノート術の本で学んでみるのもいいでしょう。

第5章　行動する

「行動」なしに自己成長はない

さて、アウトプットについてこれまで「話す」「書く」をお伝えしてきましたが、次は「行動する」です。

「行動する」とは、インプットによる「気づき」を得て「TO DO（すべきこと）」がわかったら、実際にそれを始める。そして、続けていくことです。

行動しない人、行動できない人は、とても多いと思います。

本を一冊読んで、「すごく勉強になった！」と思っても、それを行動に移さない人は多いです。「学び」や「気づき」を行動に移さなければ現実世界は全く変わらない。多少賢くなったかもしれませんが、現実的なメリットは何一つ得られないのです。

では、なぜ、人はなかなか行動に移せないのでしょうか。

それは、人間が「快適領域（コンフォートゾーン）」を出ることを恐れるように、生物学的にプログラミングされているからです。

快適領域とは何かというと、「なわばり」のようなもの。

動物にはなわばりがあり、そこから出ると敵が襲ってくる危険があります。ですから、なわばりから出ないようにプログラミングされている。これは生命を維持するためには欠かせない本能であり、動物である人間にも受け継がれています。「なわばり」（快適領域）から出て自分の知らない世界に踏み出すことに不安や恐怖を感じるのは、生物的な本能ということです。

快適領域は、日々あなたが活動する場所であり、日々あなたが会う人であり、日々通う学校や部活、塾、習い事の場です。それが、あなたの居心地のいい領域です。居心地がいいので出たくない。

このように、人間は本来「現状維持」がもっとも心地よいようにできています。しかしながら、この快適領域にいる限り、変化も自己成長もありません。新しいことができるようになることが自己成長ですから、自己成長には「変化」や「チャレンジ」が必要です。**快適領域にとどまっている限り、安心はできても自己成長することはないのです。**

逆に言えば、**快適領域を抜け出して新しい行動を始めれば、いつでも自己成長できる**、ということです。

人は新しいことにチャレンジすると、脳内物質のドーパミンが分泌されます。ドーパミンは「楽しい」という感情を引き起こす物質ですが、それと同時に「新しいことを学習する」のをサポートする物質でもあります。

ドーパミンが分泌されると、集中力、やる気、記憶力、学習機能などが高まります。結果として効率的な学習が行われ、自己成長が引き起こされるのです。

また、人間と他の動物では、決定的に違うものがあります。

大脳新皮質の発達です。

人間は進化とともに大脳新皮質を発達させ、その発達によって「言語」を獲得し、人と「言葉」でコミュニケーションできるようになりました。

また、直立歩行できるようになった人類は、手を使って「道具」をつくるようになりました。大脳新皮質が発達したからこそ、人は無数のチャレンジに挑み続け、これほどの文明を築くことができたのです。

これは他の動物とは決定的に違う点であり、人間以外の動物は、基本的に生命を脅かす危険を冒してまで新しいチャレンジをすることはありません。

ですから、あなたが「何か新しいことをして失敗したくない」という不安を感じたとしても、それは生物としての本能で、間違ってはいません。

ただ覚えておいてほしいのは、私たち人間は進化の過程で「チャレンジする力」や「考える力」を獲得したのです。そうした力をうまく使うことで、本能的な不安や恐怖に打ち克ち、新しいチャレンジに立ち向かうことができます。その結果、できることが増えていき、あなたが活躍できる世界はどんどん広がっていくのです。

初めての人に話しかける。

行ったことのないところに行ってみる。

やったことのないことをやってみる。

こうしたことは楽ではありませんが、確実にあなたの持つ「可能性」を大きく広げます。

ですから、少しでも今の自分を変えたい、現実世界を変えたいと思っているのなら、勇気を出して、居心地のいい快適領域を一歩抜け出し、新しい行動を始めることです。
では、次から「行動する」ための具体的な方法についてお伝えします。

行動する1　「ちょい難」にチャレンジする

新しい行動やチャレンジが自己成長につながるとはいっても、恐怖や不安の方が強い人もいるでしょう。先ほども言ったように、快適な領域から出るときに恐怖や不安を感じるのは生物としては当然ですし、無謀な挑戦をしたら何かを失うリスクもあります。

そこで私が提案したいのが、「ちょっと難しいこと（ちょい難《むず》）」にチャレンジする、ということです。

いきなり難しいことにチャレンジすると恐怖や不安を感じてしまいますから、「少しがんばれば、できそうなこと」に挑戦するのです。

先ほど快適領域のことをお話ししましたが、私たちの心の中には「快適領域」の他に「学習領域」と「危険領域」という領域があります。

「快適領域」のすぐ外には、「学習領域」があり、その外側に「危険領域」が広がっています。

「学習領域（ラーニングゾーン）」は、軽いストレスは感じても、恐怖や不安、危険までは感じない。むしろ、新しい体験にワクワクを感じ、意欲的に挑戦してみようという気持ちになる領域です。

「学習領域」の外側、「学習領域」よりも大変な挑戦が「危険領域（デンジャーゾーン）」。

「危険領域」に入ると難易度が高すぎて、ワクワク感よりも恐怖や不安の方が強くなってしまい、「できればやりたくない」「逃げ出したい」気持ちになります。

たとえば、「跳び箱」を例に考えてみましょう。

あなたは、今、5段を跳べます。最終的に8段を跳べるようになりたい。その場合、いきなり8段に挑戦しますか？　高すぎますよね。足がすくみます。

「絶対に無理！」と拒否反応を起こしてしまうかもしれません。

では、6段だとどうでしょう？　5段よりは少しは高いけど、「何度か練習したら跳べるかもしれない」という気持ちになるのではないでしょうか。

では、4段だとどうでしょう? 5段を跳べるあなたにとっては、楽勝。むしろ、「つまらない」と思うでしょう。

このときの8段が危険領域、6段が学習領域、5段以下が快適領域です。ですから、6段を練習して6段を跳べるようになったら、7段に挑戦する。7段を跳べるようになったら、次はようやく8段へ挑戦する。

このように、**「ちょい難」の目標を、一つひとつクリアして「自分のできる範囲」を広げていくと、最終的に「大きな目標」を達成することができます。**

私たちの脳内では、ちょっとがんばればできる課題に挑戦するとき、ドーパミンがもっとも大量に分泌されます。すると前述したように、集中力や記憶力、学習機能などが高まり、結果として、自己成長が引き起こされるのです。

大事なのは、自分のレベルよりちょっとだけ上の目標を立てる、ということです。

よく「目標は高く持て」などといわれますが、それは脳科学的に間違いです。

目標の難易度が高すぎると、不安や恐怖の原因となるノルアドレナリンが過剰に分泌され、「やめたい」「逃げ出したい」という衝動に駆られます。

「最終的な目標」は大きくてもいいのですが、「当面の目標」「次にクリアすべき目標」は、高く設定せずに、「ちょい難」あたりを狙うといいのです。

考えてみたら、人気のＲＰＧゲームは「ちょい難」になるようにできています。ゲームの途中で立ち塞がる「中ボス」と10回勝負しても毎回パーティーが全滅してしまうほど強かったら、皆、途中で嫌になってやめてしまうでしょう。
１、２回目は完敗するけども、少しずつコツをつかみ、３回目か４回目で苦戦しながら中ボスにようやく勝てた、というくらいがいちばん面白いのです。
学力を伸ばすコツも、同様に「少しだけ難しいことにチャレンジすること」です。いきなり難題に取り組むと嫌になってしまいます。初級がクリアできたら、中級。中級がクリアできたら上級の問題集を解く。段階を踏んでステップアップしていけば、最後には難問も解けるようになります。

少しがんばれば達成できそうなプチ目標を設定し、「少しがんばってみたら、できた！」を繰り返していく。そうすると、勉強が楽しくなり、やる気も出てくる。結果として、大きな成績アップにつながります。

私から見ると、世の中の多くの人は目標が高すぎるのです。

いきなり「100」の目標を立てるから、難易度が高すぎて、すぐにやる気を失ってしまう。どんなに目標が崇高でも途中でやめてしまったら、「0」です。

それより、最初は「50」くらいの目標を立て、達成できたら次に「60」くらいの目標を立て……と続けていけば、気づいたときには「100」を超えているはずです。

世間でいわれる**「大きな目標を持て！」は脳科学的には間違いで、「目標は小さく刻め！」が正しい。**

小さなチャレンジの積み重ねが、結果として大きな自己成長に結びつくのです。

目標を小さく設定する。少しがんばればできる「ちょい難」の目標を設定すれば、不安や恐怖は出ません。出るのはワクワクとドーパミンで、楽しみながら自己成長できる。圧倒的な結果を出すことができるのです。

目標を小さくするだけなら、誰にでもできるはずです。

行動する２　成功のイメージトレーニング

とはいえ、若いうちは「失敗したらどうしよう」とすぐに不安を感じる人は多いです。そういう人は、「うまくいった場合のイメージトレーニングをする」ことをおすすめします。

たとえば好きな人に告白したいけれど、ふられたらどうしようと悩んでいる人は、ふられた場合だけでなく、「もしＯＫをもらったら、どうするか」を考えてみましょう。

最初のデートはどこに行く？　２人でどんなことを話しますか？

たとえ少ない可能性だとしても、可能性としてゼロではないのです。

大好きな人にＯＫをもらったら……。そう考えるだけでワクワクしてくるでしょう。ワクワク感の元はドーパミンの分泌によるものですから、それによって、さらに前向きなモチベーションや行動するエネルギーが生まれるのです。

このように「妄想」でまったくＯＫなので、成功パターンをイメージすることが大事です。

プラスのイメージをありありと持つことで、「では、そのイメージを実現するにはどうしたらいいだろうか？」という「逆算の発想」につながっていきます。

「うまくいったらどんなことが起きるのだろう」とワクワクし、そうなるように逆算して、「どうすればうまくいくか」を前向きに考えるようになるのです。

でも、失敗を恐れすぎる人の発想はその逆です。

はじめから失敗することが前提になっているため、脳はネガティブな情報、失敗につながる原因などを、さらに集めてしまいます。ある意味「失敗する」イメージトレーニングをしているわけですから、うまくいくはずがありません。

そもそも失敗を恐れすぎる人は、自己肯定感が低いという傾向があります。自己肯定感を高めていくためには、「プチ成功」を積み上げていくしかありません。

そして、プチ成功を積み上げるためには、まずは「ポジティブなイメージ」を積み上げるのです。想像するのは無料です。そしてあなたの想像は、誰も邪魔できません。

イメージトレーニングは、プロのアスリートも必ずやっています。というか、世界大会に出るようなプロのアスリートですら、イメージトレーニングを利用しないと、「失敗したらどうしよう」という不安に襲われるのです。

失敗の不安は誰にも出てくるのです。だからこそ、自分の意志を使って、ポジティブなイメージトレーニングをし、考え方をポジティブに引き寄せていく必要があります。不安が強い人、ネガティブな人ほどイメージトレーニングをすべきであり、そうすることでまた大きな効果が期待できます。

行動する３　数値化で正しく自己評価する

考えてみれば、現実世界では成功か失敗か白黒が付くことばかりではありません。

たとえば、好きな人に告白したとしても、箸にも棒にもかからないほど、ひどいふられ方をしたのか。それとも「まず、お友だちから始めましょう」と言われたのか。

あるいは、はっきりＯＫはもらえなくても、しっかり手応えは感じたとか、恋人まではいかないものの２人だけで話せる仲になったとか、今はたまたま他の人と付き合っているからダメと言われたとか、いろいろな状態がありますよね。

付き合いが始まるきっかけも、「最初の告白で、ＯＫをもらって付き合った」というわかりやすいパターンもあれば、「何度か告白したら、やっとＯＫをもらえた」とか、「友だちから恋人に発展した」など、さまざまなパターンがあります。

すぐにはうまくいかなくても、結果的にうまくいくこともありますので、何が成功で、何が失敗かなんて、誰にもわからないのです。

一般的に、失敗を恐れすぎる人は、「０か１００か」でものごとを見る傾向があります。「成功か失敗か」、あるいは「白か黒か」という２択で考える。中間がないのです。

０か１００かでしか物事を見られない。このような考え方は、「ゼロヒャク思考」と呼ばれます。

たとえばスピーチ大会に出たとき、途中で少し間違えてしまったとします。

このとき、ゼロヒャク思考の人は、たった２～３か所を言い間違えただけで、「自分はできなかった。失敗した」と落ち込みます。少しでもネガティブな要素があったら、「もうダメだ、失敗だ」と捉えてしまうのです。他の人から見ると、「言い間違えたところ以外は、すごく上手にできた」と評価しているかもしれません。

「成功か失敗か」のどちらかしかないとしたら、世の中のほとんどのことはうまくいっていないし、失敗だということになるでしょう。

「今日は１００点満点の一日」ということは滅多にありませんから、「白か黒か」でものごとを考えれば、だいたい「黒」になります。そうなると毎日楽しくないどころか、いろいろなことがストレス要因になり、余計ネガティブになってしまいます。

そして、そういう人は「小さなミス」でも「大失敗」ととらえるので、次にまた「チャレンジしてみよう」という気持ちもなくしてしまうのです。ちなみに、「ゼロヒャク思考」は、メンタル疾患になりやすい人の特徴でもあります。

物事を「0か100か」で捉えるのではなく、「20」とか「50」とか「90」というように、グラデーション的に捉えてみるといいでしょう。物事には、必ず「中間」や「グレーゾーン」があるのです。

具体的には、「現在の状態を数値化してみる」ことです。

スピーチ大会の舞台に上がって一言も話せなければ「0点」かもしれませんが、最後まである程度は話せたのなら、たとえ間違えたとしても「0点」ではありませんよね。「今回は60点ぐらいの出来かな」とか、「次は80点を目指そう」というように、段階的に物事を見られるようになります。

そもそも世の中のことを数値化してみたら、100点満点のことなどほとんどなくて、70点や80点ぐらいのことが多いのではないでしょうか。

また逆に、人生において「0点」ということもないのです。あなたは、学校の試験で「0点」をとったことがありますか？　0点をとるのも、そう簡単ではありません。

〇か×か、0か100かの二者択一ではなく、今回の結果を100点満点中の「数字」で表してみる。そうすると、「100点」もなければ、「0点」もないことがわかります。70点か80点だとすると、世の中、まあまあうまくいっているのです。

そして、70点でも落ち込む必要はありません。

そこでもう一度練習して再挑戦したら、70点が75点になる。さらにチャレンジして、80点になり、90点になる。そして、最後にようやく１００点になるのです。**「成功」と「失敗」の間に、「まあまあうまくいった」という状態が大きく広がっています。**数値化することで、自分は「まあまあうまくいっている」と初めて気づくことができるのです。

行動する４　フィードバックで失敗を経験に変える

「行動」する際に欠かせないのが、前にも出てきたフィードバックです。

しかし残念なことに、せっかく勇気を出して行動しても、ほとんどの人は「行動しただけ」「アウトプットしただけ」で終わっています。

第１章の「アウトプットの基本法則４」でも触れましたが、**フィードバックは、失敗を経験値に変えるという作業**です。

何かにチャレンジしてうまくいかなかったときは、行動を振り返って「ＴＯ ＤＯ（すべきこと)」を書き出すのです。「TO DO」が書ければ、教訓を得たということです。つまり、失敗から経験値を得られたということ。

それをしない限り、人は自己成長していくことができません。フィードバックしないということは、「失敗した」「うまくいかなかった」、その原因がわからない。失敗の原因がそのまま放置されるわけですから、当然、同じ失敗を何度も何度も繰り返します。そうすると、「なんて自分はダメな人間なんだ」と自己肯定感が下がります。「もう失敗をしたくない」とチャレンジしなくなります。そうなると自己成長のしようがないのです。

本来は、きちんと原因を分析し、そうならないためにはどうしたらいいのかを振り返って考えなければいけないのに、人間はネガティブな出来事に対して向き合うのは精神的にしんどいため、放ったらかしにしてしまう人が多いのです。

そもそも、この世に「失敗」などありません。

うまくいかない不本意な出来事は失敗ではなく、すべて「エラー」にすぎません。「トライ&エラー」のエラーです。

たとえば、科学研究の世界では、実験するたびにエラーが続きます。私も科学研究の世界に10年以上いましたが、ある実験が1回で成功することなどあり得ないのです。

1回実験したけれど、うまくいかない。しかし、薬液の希釈が1000倍だと濃すぎて、5000倍だと薄すぎることがわかった。じゃあ次は、2500倍で試してみよう。このように、実験を1回するごとに「うまくいかないパターン」がわかり、次にやるべきことや、より精度の高い条件がわかるのです。

こうした試行錯誤（トライ&エラー）を何十回も繰り返すと、最後には「最適条件」が見つかり実験が成功します。気の長い話です。

ですから、失敗しているように見えますが、実はデータを集めているわけです。

行けない道を一つずつ消していって、最後に正しい道が見つかる。それをやらない限りは正しい道には行き着かないのですから、それは失敗ではなく、必要な情報を得ている。**つまり、「エラー」は失敗ではなく、「小さな成功」なのです。**

ゲームにたとえると、ボスキャラと戦って何回か倒されることによって、相手の攻撃パターンがわかり、相手の弱点となる魔法、効果的な武器もわかります。

つまり、何度か倒されるけど、貴重な情報が集まるので、最後には勝てるようになるのです。「倒される」ことは、必要なこと。失敗ではありません。つまり「エラー」によって「経験」や「情報」を得て、次のエラー回避の対策をし、再挑戦をしていく。一回ごとのエラーで、確実にレベルアップすることができるのです。

現実の世界でも同じです。

1回の結論だけ見れば、「成功か、失敗か」と捉えがちですが、そこから情報を得てフィードバックすることによって、一つ上のステージに成長することができます。

行動して、失敗して、フィードバックするというサイクルを繰り返していくことによって、あなたの経験値は間違いなく蓄積され、ライフステージのレベルが確実に上がっているのです。そう考えれば、2~3回失敗したくらいで諦めず、チャレンジし続けることができるのではないでしょうか。

さらに、失敗やエラーには、もう一つ、非常に大きなメリットがあります。

エラーによって「精神的な強さ」が得られる、ということです。

精神的な強さというのは、ストレスを我慢できるということではありません。

よく「心が折れる」などと表現しますが、ストレスを無理に我慢しようとするから、ポキッと折れてしまうのです。多少のストレスがあったとしても、それを「受け流す」ことができれば、心が折れることはありません。

この「受け流す力」のことを、レジリエンスといいます。

レジリエンスは、直訳すると「回復力」。「（逆境や困難から）立ち直る力」や「心のしなやかさ」とも呼ばれます。ストレスをすっと受け流し、失敗しても、すぐに立ち直ることができる力のことです。

「はしか（麻疹）」と「失敗」は、若いうちに済ませておいた方がいい。大人になってから「はしか」に感染すると重篤化しやすい。失敗も同じで、大人になってから、初めて失敗すると、精神的なダメージも大きいのです。

レジリエンスは、幼少時からたくさんの失敗を経験しておくことで養われます。つまり、レジリエンスを高めるには、たくさん失敗すればいいのです。子どもの頃の失敗経験が少ない人は、大人になってからのメンタルがものすごく弱いのです。

こんな話を聞きました。一流大学を卒業し、誰もが知る超一流企業に就職。しかし、ちょっとした失敗を叱られて、次の日から会社に来なくなる。結局、その方は、入社から1か月たたずに、「辞職願い」を出して辞職したというのです。おそらく、今まで順風満帆な人生で、親や教師にも叱られたことがなかったのかもしれません。たった一回の失敗で辞職するとは、あまりにもメンタルが弱すぎます。

10代のうちに失敗したり、叱られたりして、レジリエンスを高めておかなくては、社会に出てから苦労するのです。**失敗は、経験です。いいことなのです。**

失敗のない人生を歩む。それはＲＰＧで一度も死なずに、最後までゲームをクリアするのと同じくらい、無理な話です。

失敗は人生に必要なのです。特に10代の人は、とにかく失敗しておいたほうがいい。成功も失敗も含めて、さまざまな経験を数多く積み重ねていくことによって、私たちのレジリエンスは鍛えられ、自己成長も起きるのです。

失敗は決して無駄にはなりません。

行動する５　正しい情報を集める

私は、子ども時代にメンタルを強くするためには、「失敗を経験する」「言葉で表現できるようになる」「自分で決断する」の３つが大事だと思っています。

特に、**人生を後悔せずに過ごすためには「自分で決断する」ことが大事**です。

でも、多くの人は「自分で決めること」をためらいます。

特に、中学生や高校生であれば、親に任せてしまう人や、教師の言っていることに従う人も多いかもしれません。

でも、決断を他の人に任せていたら、それは「自分の人生」ではないのです。

自分で決めない限り、結果がよくても悪くても、後から必ず後悔します。「あのとき、親の言うことを聞かずに、自分の考えを通しておけばよかった」と。

それでも、やはり決断に迷ってしまうという人は多いと思います。

その原因は「情報が足りていない」からです。

ものごとを決めるときは、過不足なく情報を集めることが大切です。

そこで、まずは情報の集め方やインプットの正しい方法についてお伝えします。

情報が少なかったり、判断材料が少ないと決断に迷います。ですから、重要な決断をする前には、徹底的に情報を集める必要があります。

たとえば、進路を決める際に「学校選び」で悩んでいたら、その学校に通っている先輩の話を聞く、本やインターネットで調べるなどして、校風や課程内容、特色などを調べます。特に大きな決断をするときには、十分に情報を集める必要があります。

でも、意外なことに、きちんと調べないまま、教師や親の言うことを聞いて簡単に決めてしまう人も多いのです。

「偏差値がこうだから、この大学」というように、あっさり決めてしまう。そして入学した後になって「やりたかったことが勉強できない」と困ったりするのです。

正しい情報をバランスよく集めないと、間違った判断、決断が導かれます。

そもそも、インターネットの情報だけでは不十分なのです。どんなものにも偏りや間違いはありますから、情報を集めるときには１つの情報源に頼らないことが大事です。

私は本を読んで正しい情報を得たいとき、「３点読み」という方法をとります。

１冊だけを読んでいては情報が偏る可能性があるため、「賛成派」「反対派」「中立派」の３冊を読むのです。

情報を集めるときも、これと同じです。あるものごとに賛成の立場の人、反対の立場の人、中立的な立場の人の３方向から公平に意見を聞いてみるのです。あるいは、賛成か反対かの２方向でもいいのですが、Ａ大学に行きたい場合は、Ａ大学をすすめる人と、やめた方がいいという人の両方の意見を聞いてみる。

なぜなら、人間には無意識に自分にとって都合のいい情報ばかりを集め、反対の情報を遠ざけようとする傾向があるからです。

これは心理学で「確証バイアス」といいます。たくさんの情報を集めているようで、実は偏った情報を集めている。結局は１つの方向に進んでしまうことになります。

この「確証バイアス」を防ぐためにも、立場の異なる人たちの意見をバランスよく

聞いた方がいいのです。

たとえば、あなたが「将来、ユーチューバーになりたい」と言ったら、周囲の大人は何と言うでしょうか。

「YouTubeで生計を立てるのは無理だ」と、多くの大人は言うでしょう。

でも、それは本当でしょうか？　それを裏付けるデータはありますか？

YouTubeで生計を立てている日本人は、何人いるかご存じですか？

日本で今、100万人以上の登録者（フォロワー）を持つユーチューバーは何人いると思いますか？　再生回数にもよりますから一概には言えませんが、一般的には、100万人以上の登録者がいれば、年に数千万円、あるいは人によっては1億円以上の広告収入、コラボ収入があるといわれます。日本のチャンネル登録者ランキングを発表しているサイト「YuTura（ユーチュラ）」によれば、100万人以上の登録者がいるユーチューバーは、2021年1月時点で312人もいます。

また、一般的に10万人以上の登録者がいれば、月収数十万円以上は稼げるといわれていますが、その規模のユーチューバーはなんと約4000人もいるのです。

これは、多いのか、少ないのか？　私の想像と比べると、５～10倍くらい多いと思いました。ちなみに私のYouTube「精神科医・樺沢紫苑の樺チャンネル」の登録者数は26万人ですが、私の順位は１６４９位でした。

ということで、「YouTubeで生計を立てるのは無理」と断言できるほど無理ではないと思うのです。そもそも反対している大人はこうしたことを調べてみようとも思わず、漠然としたイメージだけで反対しているのです。

ただし、10万人以上の登録者数を確保するのは、簡単ではありません。多くの人を惹きつけるコンテンツを定期的に発信するには、それこそ高いアウトプット力が必要です。自分の強みを生かし、それを発信し続ける努力と情熱は欠かせません。

また、大勢の人に見てもらえる喜びがある反面、見た人からネガティブな反応が来ることもありますから、レジリエンスも高い方がいい。

そうした能力を日々、磨き続けることができるのであれば、YouTubeで生計を立てていくことは決して不可能とは言い切れないのです。

このように、１つのものごとにもいろいろな見方があります。

若い人が大人の意見を気にするのは当然ですが、いくら相手が親や教師であっても、「それは1人の人間の意見にすぎない」という冷静な感覚は常に持っていた方がいいでしょう。

親の意見は親の意見、教師の意見は教師の意見として聞きながら、一般的にはどうなのか、そうでないデータはないのか、実際に経験した人はどう語っているのか……。いろいろな人の意見を公平に聞いてみて、自分で最終判断をするべきです。

また、インターネットは便利で正しい情報もありますが、偏った情報や完全な誤り、詐欺的な情報もありますから、情報を検索する際には注意が必要です。

本であれば著者名が書かれていて、その著者が「こう考える」という内容を載せています。間違いがあった場合は、著者が責任を負いますが、インターネットでは、誰が書いているのかわからないものも多く、無責任に書き散らかされた記事も少なくありません。そんな中で1つの情報だけを無批判に信じてしまえば、大変な目にあう危険性もある、ということは覚えておいてください。

正しいインプットからは、正しいアウトプット（決断）が生み出されます。間違っ

た情報からは、正しい判断、決断ができるはずがないのです。

行動する6　後悔しない決断術

さて、正しいインプットで十分な情報を得たら、次は「決断する」ことです。

「自分で決められない」「優柔不断で、決めるまでにいろいろ迷ってしまう」という人は多いですが、ものごとを決める際に私がおすすめする「決断術」は、以下の3つです。

①最初に思いついた方を選ぶ
②ワクワクする方を選ぶ
③5秒で決める

まず、①の「最初に思いついた方を選ぶ」ですが、この根拠になるのが「ファーストチェス理論」です。

「ファーストチェス理論」というのは、チェスの名人が「5秒間で考えた次の手」と

「30分間かけて考えた次の手」が、86％の確率で同じだったという実証結果から提唱された理論。直感的に思い浮かんだ判断や、最初にした判断はかなり正しい、ということです。

ただし、この理論で注意が必要な点は、実験対象がプロのチェスプレイヤーであり、十分な経験や知識を持っていたということです。自分の専門領域での判断でもあり、経験や知識のない人がこの実験をしても、同じ結果にはならないでしょう。


それでもやはり、最初に思いついた方を優先する方がいい理由があります。

それは、その人の本心が最初に出てくるからです。

たとえば、「ミュージシャンになりたい」という夢を持っていたとします。

しかし次に出てくるのは、きっとこんな言葉でしょう。「でも、売れなかったらどうしよう」

ミュージシャンになりたい。でも、成功しなかったら困る。

「でも」が2番目に来ますが、あなたの本心は最初に思いついた方なのです。

最初に出てくるのが、その人の「直感」であり、「感情」であり、「心の声」とも言えます。

それに対して、後から出てきたものは「理性」です。もしかしたら、「常識」や「正論」、「打算」「言い訳」かもしれません。「～した方が安心だ」という考え方です。

この場合は、最初の「直感」や「心の声」に従って動いた方が、後悔はしません。

成功するか失敗するかはわかりませんが、少なくとも後悔はしない。

逆に言うと、後の「理性」を選んだ場合は後悔します。なぜなら、「自分がやりたかったこと」ではない方を選んでいるからです。「本当は、ミュージシャンになりたかったのに……」という後悔は一生続くのです。
②の「ワクワクする方を選ぶ」も、結局は①と同じことです。
打算や理屈で考えず、ワクワクする方を選ぶ、ということ。

「ワクワクする」ということは、脳内にドーパミンが出ているということです。

ドーパミンが出ると、やる気や集中力、記憶力、学習機能などが高まりますから、脳のパフォーマンスもアップします。脳の無意識の部分が「行け！」と応援してくれているのです。その追い風に乗れば、うまくいく確率も高まります。

また、ドーパミンは幸福の脳内物質です。ワクワクしたことは、たとえ失敗したとしても、楽しむことができる。後悔は少ないのです。

反対に、ワクワクしない方を選ぶと、逆風の道を進むことになります。ドーパミンも出ませんし、やる気も起こりませんから、失敗する確率も高くなります。そして、高い確率で後悔することになります。

安全な道を選んだつもりでも、実はまったく安全ではないということです。

そして、③の「5秒で決める」という判断基準。

ファーストチェス理論で示された通り、長く考えても「判断」はそう大きく変わらないのですから、迷ったら「ワクワクした方」を「5秒」で選ぶのが、後から後悔しない決断をするコツです。


後悔しないための判断基準は、実はもう一つあります。

重要なことを決めなければいけないとき、私は**「タイムマシンで過去に戻ったとし**

て、次もまた同じ行動をするか？」を自問自答します。

たとえば、先日、ある女性からこんな話を聞きました。

好きな人に告白するかどうか迷っていた彼女は、いったんは断られることを恐れて告白しないでおこうと決めます。しかし3か月後、その好きな人に新しい恋人ができたことを知るや否や、「あのとき告白すればよかった」と深く後悔した、というのです。

その女性は、タイムマシンで過去に戻れたら、必ず告白したことでしょう。だったら、最初から告白したらよかったのです。

あなたが告白しなかった場合、あなたが好きなその人は、3か月後か1年後かわかりませんが、別の人とつきあうことになるでしょう。「先方からあなたに告白してくれる」とか、「10年後もその人は誰ともつきあわず、生涯独身ですごす」というレアな可能性を除けば、その人が将来誰かとつきあうことになるのは十分に予測可能です。

後で後悔しないように、そのときに様々な可能性を考慮して決断してください。それが、「タイムマシンで戻ってもやり直さないか？」という問いです。

「あのとき、ああすればよかった」というのは、少し厳しいことを言えば、手抜きをして生きているということです。**そのときに手抜きをせず、そのときの自分にできる100％の行動をやり尽くしていれば、タイムマシンで戻ったとしても同じ判断、同じ行動しかできないはずです。**

「Aさんが好きだけど告白しない。仮に3か月後に、Aさんが別な人と付き合っても後悔しないのか？」

「自分が行きたいB大学。親が行けというC大学。C大学を選んで、10年後に本当に後悔しないのか？」

想像力をもっと使いましょう。「あなたが本当はやりたいこと」をあきらめた場合、10年後に「この道に進んで、本当によかった」と心から思えるでしょうか？

多くの人は、「チャレンジして起きる目先の失敗」だけを想像するので行動できなくなります。**「チャレンジしなかった場合、1年後、あるいは10年後に後悔しないのか？」を、きちんと自問自答しましょう。**チャレンジしなかったパターンの未来をありありと想像してほしい。ほとんどの人は、どういうわけか「チャレンジしなかった場合」、どれほどマイナスな出来事が起きるのか想像すらしないのです。

想像力を働かせれば、だいたいは予想できます。

その決断で生きて、将来タイムマシンで戻っても、同じ決断をしますか？

「絶対に同じ決断しかしない！」「絶対に後悔しない！」と断言できるなら、その判断は正しいと言えます。それは、今のあなたにできるベストの判断だからです。

行動する７　「教える」は最強のアウトプット

10代になると、友だちと一緒に勉強をして、自分が得意な教科を教え合うこともあるかもしれません。

「教える」ことは、私は「最強のアウトプット法」だと思います。人に教えることで、自己成長が飛躍的にアップするからです。

たとえば、こんな研究結果があります。

アメリカ国立訓練研究所が、人が何かを学ぶ場合にどんな方法が記憶に残りやすいかを調べたところ、「講義を受ける」では平均記憶率は５％、「読む」では10％しかありませんでした。

「視聴覚教材を使う」で20％になり、さらに「グループ討論」をすると50％、「体験型学習」で75％と、アウトプット型学習になるほど、記憶率は増えていきます。もっとも効果が高いのが「他人に教える」で、平均記憶率は90％もありました。

なぜ、教えることで、これほど記憶力がアップするのでしょうか。

第3章でも触れましたが、人に説明をすると、自分の頭の中が整理されていきます。自分の言葉で話すことによって、混乱していた頭の中が整理されるのです。

人に説明して相手に理解させることができたら、それは自分自身が十分に理解しているという証拠です。

その反対に、自分自身がきちんと内容を理解できていなければ、人には教えられません。「あれ？　ここはどういう意味だっけ？」と詰まってしまいます。

人に教えることによって、自分の理解が不十分な部分がはっきりわかるのです。つまり、人に教えるということは、自分の知識を「アウトプット」するだけでなく、その過程で自分の弱点を知るという「フィードバック」でもあるのです。

さらに、「自分がわからなかった点」を後から復習、再確認（インプット）して、しっかりと補強しておけば、さらに自己成長は加速します。

「教える」は、インプット、アウトプット、フィードバックという、自己成長のための３ステップをすべて含んでいるのです。

さらに、人に教えると、相手に感謝されますから、「楽しい」という感情が湧き上がり、自分自身のモチベーションも上がるというメリットがあります。

最近、学校でも導入されつつあるアクティブ・ラーニングの授業では、子どもたちが教え合うという内容も取り入れられていますが、話を聞くだけの学習ではやる気の出ない子も、この学習では目の色が変わり、自発的に取り組むこともあるそうです。

自分が得意なことを教え合うことによって、「学ぶ楽しさ」を知るのでしょう。

「教える」ことは「記憶が強化される」「理解が不十分な点が明確になる」「弱点が補強される」「学びが楽しくなる」「モチベーションが上がる」と、一石五鳥の最強の勉強法なのです。

そして、「教える」は、グループでやるとさらに効果的です。

私が札幌医科大学に在籍していた頃、5人の友人たちと「医師国家試験」の勉強会を開いていました。

この勉強会は、札幌医大に昔からある伝統で、5年生になると必ずどこかの勉強会グループに所属して試験対策を始めます。札幌医大は当時、医師国家試験の大学別合格率ランキングで、全国ベスト3に入る優良校でした。大学入学時の偏差値ではもっと高い大学がたくさんあるにもかかわらず、この札幌医大が全国でトップクラスの国家試験合格率を誇るのは、この勉強会の習慣があったためです。

勉強会では週に2~3回、1回につき2~3時間ほど、仲間が集まって、国家試験の過去問を解いていきます。

私のグループは5人だったので、あらかじめ5問ごとに自分が解説する問題が振り当てられていました。自分が担当する問題について予習しておき、他の人の前で自分が講師となり、その問題の解き方や考え方をわかりやすく解説するのです。

先ほど触れたように、人に教えることで自分自身の理解も進みますが、それ以外にこの勉強会が優れていた点は、モチベーションが格段に上がることです。

医師国家試験は、司法試験と並んで国家試験最難関といわれます。試験問題の範囲も広く、1人でやっていると、どうしてもやる気が続かなくなるのです。

でも、仲間とやっていれば、素直に自分もがんばろうという気持ちになるのです。自分の勉強が他の仲間よりも遅れていると気づけば、「もっとがんばらないと」という気持ちが、自然に湧いてきます。

何より、仲間と勉強するのは楽しいことですよね。

教えてもらうのも楽しいし、こちらが教えてあげて理解してもらったら、また楽しい。楽しいからドーパミンも出て、脳のパフォーマンスもよくなる。すると、さらにやる気になる。こんな素晴らしい好循環が発生します。

このように、人に「教える」というアウトプットをするだけで、教えた内容が圧倒的に記憶に残り、効率が大幅にアップするのです。

人に教える。相手に喜ばれ、感謝されながら、自己成長を加速できる。こんな素晴らしいアウトプットはないでしょう。

行動する8　「続ける」ことで飛躍的に成長

勉強をするにしろ、仕事をするにしろ、何事も「続ける」ことが大切です。

1か月だけがんばって、「すごい結果が出た！」ということは、まず滅多にありません。「継続は力なり」といいますが、とにかく続けていかないとある程度の成果は出ません。

私もいろいろなことを続けています。というより、続けるのが大の得意です。メルマガは毎日発行して15年、Facebookは毎日更新して10年、YouTubeは毎日動画をアップして7年。その他にも本の執筆やセミナー開催、映画評論、最近ではウイスキーの勉強も続けています。加圧トレーニングも10年間、毎週必ず通っています。

「どうしてそんなに続けられるのですか？」とよく聞かれますが、続けるためのコツがありますので、それをご紹介しましょう。

①「今やること」「今日やること」に集中する

ダイエットを始めたときなど、こんなことを続けるのは無理と思うかもしれません。

でも、**「とりあえず今日だけはやってみよう」**と思えば、続けやすくなります。

私も、ジムに行くのが面倒になることもありますが、「行くだけ行ってみよう」と自分を励まして重い腰を上げます。実際にジムに着いて運動してみると、少しずつ調子が上がってきて、気づいたらいつも通りに運動していることがよくあります。

多くの人は、先のことを考えすぎる傾向があります。先のことを考えると「不安」しか出てきません。先のことを考えるほどネガティブな要素が浮かんできて、「続けること」に対してブレーキがかかってしまうのです。

ですから、**「今やること」だけに集中することが重要です。**

ダイエットがつらくなったら、「（明日はいいから）今日だけはがんばろう」。

運動の気分ではないときは、「とりあえず今、５分だけやろう」。

このように考えます。

「今だけ」がキーワードです。

もしも毎日続けられなかったとしても、落ち込む必要は全くありません。

1日目、2日目に甘いものを食べてしまっても、「3日目だけは絶対に食べない」と決めておくのです。とにかく3日坊主にならない。3日目だけはがんばる。

「2日連続でできなければ、3日目は必ず行う」。これを私は、「3日ルール」と呼びます。「3日ルール」さえ守れば、勉強でもダイエットでも、すべてのことを何年でも継続することができます。

「毎日やろう！」と思うほどつらくなります。「たまにサボってもいいや」と思うと気分は楽になる。結果として、「たまにサボってもいいや」くらいの緩いモチベーションでやると、何年も続くのです。

②目標を細分化する

「ちょい難」のところで解説しましたが、目標が大きいほど挫折しやすいです。

目標は細分化するほど、続けやすくなります。

たとえばダイエットで「5キロ痩せる」のは難しいと感じるかもしれませんが、「1

か月に０・５キロ痩せる」のであれば、それほど難しく感じないでしょう。

それを10か月続ければ、５キロ痩せられます。

目標は「ちょい難」を意識しましょう、「自分が少しがんばればできそうな目標」を立てると、ドーパミンが最大限に分泌され、モチベーションも上がり、続けやすくなります。

大きな目標は細かく分けることで、続けるハードルが一気に下がるのです。

③結果を記録する

ものごとを続けるためには、毎回、結果を記録しておくのも効果的です。

私はYouTubeのフォロワー数を毎朝必ず記録していますが、それは目標達成までの進捗を記録することで、モチベーションアップにつながるからです。

フォロワー数の増減は、管理画面から一覧で見られるのですが、わざわざノートに「手書き」することで、脳を強化するのです。それによって、「がんばらないと！」「それやらないと！」と言う気持ちが湧き上がります。

ダイエットしたい人は、毎朝自分の体重を測定して、ノートに記入する。それだけで、「やばい、昨日より1キロも太った！　今日は食べすぎないようにしよう！」という気持ちが、自然に湧いてきます。

受験勉強中の人は、「1日で解いた問題集のページ数」を記録するといいでしょう。「1日10ページが目標。昨日は6ページだったので、今日は何とか取り戻さないと」「3日間連続で1日10ページの目標をクリアした！　俺って凄い！　明日もがんばろう」と自然に思います。

続けることで知識や経験は増えていき、成果が出てきますが、初期の頃の変化というのは微弱なものです。人間の成長というのは指数関数的で、はじめの頃はそれほど変わりませんが、時間が経つと、ある時期から爆発的にアップしていきます。

何かに挑戦する場合、多くの人は最初の3か月で嫌になってやめてしまいます。自分の成長や変化が、感じとれないからです。でも実際には、少しずつではありますが成長しているのです。

その微弱な変化も、毎回、結果を記録することで可視化できるようになります。数字の変化を見て「自分がレベルアップしている！」と気づけば、ドーパミンが出やすくなり、継続しやすくなるのです。

④楽しみながら続ける

ものごとを続けていく上でもっとも大切なのは、「楽しむ」ことです。何かを続けたいのに続けられないとしたら、それは楽しくないから。

ゲームやスマホのように、「楽しい」ことは、「やめろ！」と言われてもやりたくなるのが人間です。

苦しいことや辛いことをしていると、ストレスホルモンの「コルチゾール」が分泌されます。コルチゾールが長期に高まると、意欲を低下させますから、苦しいことや辛いことは、やめたくなるのです。「本当に嫌なこと」や「本当につらいこと」を無理に続けると病気になります。

反対に、「楽しい」と感じるとドーパミンが分泌され、長く続けることができます。

だって「楽しい」わけですから、「明日もやりたい」と思うのは当然です。

ですから、何かを続けたいのであれば、「楽しさ」を発見することです。たとえば、「運動をしたい」という場合。走るのが嫌いなのに、「毎日、ジョギングをする」という目標を立てても続くはずがありません。自分はどんな種類の運動が好きなのか。踊るのが好きならダンス系の運動をする。試合形式で競い合うのが好きなら、球技をするとか。自分の性格や好みに合った、自分が楽しめる運動に取り組めば、当然、長続きするでしょう。

あと、やってみないと楽しさがわからない、ということもあります。「食わず嫌い」というやつです。

私はスポーツジムで、エアロビクスのコースに毎週欠かさず参加しています。最初は「エアロビは女性のやるもの」と思っていたのですが、試しにやってみると「リズムに合わせて身体を動かすのは、男女関係なくこんなに楽しいんだ」と、はまりました。

45分のトレーニングがとても楽しい！　そして、アッという間に終わります。かれこれ８〜９年も続けています。

行動する９　楽しく勉強する

「楽しむ」ことで、無理なく継続できる、ということは理解できたはずです。

「楽しい」とドーパミンが出る。ドーパミンが出ると、集中力、モチベーションが高まるだけではなく、記憶力も高まるのです。

ラットの実験で、ドーパミンを投与したラットは、迷路を通り抜ける速度が大きくアップするのです。記憶力がアップして、通った道を覚えやすくなるからです。

ドーパミンはあなたの「記憶力を高める物質」です。言い換えると「頭をよくする物質」を自分で出すことができるのですから、使わないと損ではありませんか？

とはいえ、「勉強は嫌い」「勉強を楽しむなんて無理」という人は多いでしょう。

ここから、嫌いな勉強を「楽しく」する３つの方法を教えます。

①得意科目を強化する

自分を成長させる方法には、「短所克服」と「長所伸展」の2つがあります。苦手なところを克服するか、得意なところを伸ばすか、そのどちらかです。人は楽しいと思うことや好きなことはがんばれますが、苦手なところに目を向けるのは辛いと感じます。ですから、勉強があまり好きではないという人は、まずは得意な教科を重点的に勉強することから始めるといいでしょう。得意なことを勉強すれば効果が出やすいので、「勉強すれば成果が出る」「やればできる」ということが実感できます。たとえ1つの教科でも、こうした自信を持つことが大切なのです。それによって、学ぶことは決して苦しいことではなく、楽しいことだと思えるようになってくるのです。

②1つの分野を徹底的に勉強してみる

反対に、苦手なものを徹底的に学んでみるという方法もあります。たとえば、数学の中の「方程式」だけはしっかり勉強して、方程式の問題だけはばっちり解けるようにするということです。

あるいは、今回の定期試験は苦手な「社会」に時間をかけて、徹底的に勉強してみます。英語や数学などは、基本から積み上げて理解しないとすぐに成績は伸びませんが、「社会」や「理科」などの暗記系の科目は、短期間の集中勉強でも、成績が上がりやすいのです。

1度でもいい点数をとれれば、苦手意識は軽減します。

人はできなかったものができるようになると、「楽しい」と感じます。得意なものが1つできると自信がつき、他に対しても前向きに捉えることができる。

そうすると、連鎖的に勉強が楽しくなってきます。

③苦手科目を先に終わらせる

脳が疲れていないうちに苦手な科目を勉強するのも、いい戦略です。

勉強を始めて最初の1時間くらいは脳が疲れていないため、集中力を高く保って勉強することができます。でも、2〜3時間勉強した後は脳が疲れてくるので、集中力や思考力が落ちてきます。教科書を読んでも、すんなり理解できなくなるのです。

多くの人は、苦手なことは後回しにしやすい。ですから、脳が疲れている状態で苦手なことに取り組む人が多く、ものすごく効率が悪い。解けない問題が、余計に解けないのです。結果として、勉強しているのに結果が出ないので、さらに苦手意識が強まります。

「苦手科目」は、脳が元気なうち、集中力の高いうちに終わらせるようにしましょう。

苦手科目を先にやるだけで、普段よりはかどる！

この実感を持つだけで、苦手科目も楽しくなってきます。

「勉強は楽しい」と感じられると、自然と勉強時間も増えて、成績もアップします。

「楽しい」だけで、記憶力が高まるのです。是非、この「楽しく勉強する方法」を実践して、「嫌い」を「楽しい」に変えてください。本当に成績が伸びますよ！

行動する10　友だちをつくる

「人の輪にうまく入れないのですが、どうしたらいいでしょうか？」

時折、そんな相談を受けることがあります。

これに対する私の答えは、「人の輪に入れてもらわなくても、いいじゃないか」というものです。

すでにできている輪の中に入れてもらおうとするから、過剰な気遣いが必要になって苦しくなるのです。場合によっては、必要以上に迎合したり、下手《したて》に出たり、人の意見に惑わされたり、自分を押し殺したりすることもあるかもしれません。ＬＩＮＥでも早く返信しなければ安心できないというように、その輪の中にいるだけで緊張状態が続いてしまう可能性もあります。

それは、精神的にとても辛いことです。自分が安心して過ごせないグループの中にいても、無理をするだけで、全く楽しめないでしょう。

では、どうすればいいのでしょう。

――**自分を中心に輪を作ればいい**のです。

2人でも、3人でもいいから、自分と気の合う人を見つけて、その人たち同士で輪を作る。自分を中心とした小さなグループをつくるのです。そうすれば、過剰に気を遣うこともありません。友情を育むには、公平で対等な関係性が必要です。相手が困っているときにはこちらが手を伸ばし、こちらが困っているときには相手が支えてくれる。ヨコのつながりで結びついた関係性でなければ、長続きはしないのです。

ですから、そのグループに入れないと思うのなら、無理して入ろうとするのではなく、自分と似ている人を探した方がいいのです。

クラスを見回してみれば、友だちが欲しいけれど、自分から積極的に話しかけるのは苦手だと思っている人が必ずいます。そういう人に、あなたの方から勇気を持って話しかけてみるのです。自分と似ている人を探す方が友だちができる確率が高く、よりよい人間関係を築けるはずです。

京都アニメーション制作の『聲《こえ》の形』というアニメをご存じですか？

聴覚に障害のある少女・硝子《しょうこ》と、孤独な少年・将也《しょうや》の関係を軸に、思春期特有の苦悩やコミュニケーションの難しさ。そして「友だち」をつくることの素晴らしさを描いた名作です。この作品の中では、友だちができないと悩む者同士が集まっていき、最後には強い絆で結ばれていく様子が描かれています。

誰かの輪の中に入れてもらおうとするのではなく、自分で輪をつくるという発想を持つこと。自分自身が主人公になるということ。これが大事です。


先述したように、８割の人はコミュニケーションが苦手と感じていますし、多くの人が寂しさや生きづらさを感じています。**「友だちがいないのは寂しい」「友だちが欲しい」と思っているのは、あなただけではないのです。**

特にコミュニケーションが苦手な者同士は、同じような感覚を共有しやすいはずです。自分から勇気を出して話をしていけば、あなたが思っている以上に、友だちはできやすいということです。

「友だちをつくることができません」という相談をされたとき、私はその相手に、「では、自分から何か行動してみましたか？」と聞いてみます。

すると、答えは決まって同じです。「何もやっていません」

でも、何もしないでただ待っていたら、誰かが声をかけてくれるでしょうか。

人間関係を深めたいなら、自分から行動するしかありません。

ですから、友だちが欲しいなら、あなたが最初に心の扉を開くことです。

実践しやすい方法としては、「自分はこれが好き」「自分はこういう人間だ」と自己開示していくことです。自分はこういう人間だと、旗を立てる（アウトプットする）ということです。

どんな人間かという情報がなければ他の人から好かれることもありませんし、人も集まってきませんから、先ほどの主従関係のような、「居心地の悪い輪」に入るしかなくなります。

勇気を出して、少しずつ心の扉を開いてみましょう。

すると「自己開示の返報性」によって、相手の扉も少しずつ開き始め、徐々に信頼関係ができあがっていきます。

　最近の若い人の中には「人から嫌われたくない」という人も多いようです。

　しかし嫌われないようにするためには、「人の反感を買わないよう、余計なことを言わない」「人の機嫌をとる」「自分の意見を言わない」のように戦々恐々として生きなくてはいけません。これらは自分の個性を消すことです。つまり、自分を殺すということ。そんな生き方を続けていたら、生きていくことが辛くなってしまいます。

　そもそも、「人から嫌われないようにしよう」というのは不可能なことです。

　なぜなら、他人は簡単に変えられないからです。誰かが、あなたを「好き」と思うか、「嫌い」と思うかは、その人の感情であって、その人の意思が決めることです。あなたがコントロールできることではありません。

　ですから、相手が自分を嫌っているかどうかを心配してもしょうがないのです。

　ただ、何もできないのかと言えば、そうではありません。「自分が変わる」ことで、相手の「好き」や「嫌い」を多少変化させることはできます。

95ページで説明したように、ポジティブな言葉を多く使うことで、人間関係は深まっていきます。ポジティブな言葉、ポジティブな行動を増やすことによって、あなたの印象や感情を好転させることは可能です。

人間そのものを変えることはできなくても、「人間関係」は簡単に変えられます。

その際に大事なことは、**「人から嫌われない」という気持ちから、「人から好かれよう」という気持ちにシフトしていくこと**です。

そのためには、以下の2つがおすすめです。

- **自分の長所をアピールする**
- **人に喜ばれることをする**

人は、特徴のない平凡なタイプより、多少の短所があっても、どこかに秀でた部分のあるタイプにいい印象を抱きやすいものです。

そして、その長所を活かして相手に喜ばれることを意識していれば、「嫌われたくない」というマイナスの感情も徐々に減らしていくことができるでしょう。

その結果、もしも自分を嫌う人がいたら、それはもう仕方のないことです。繰り返しますが、そもそも人にまったく嫌われないことは不可能なのですから、自分を嫌う人と、無理をして付き合う必要はありません。

それよりも、自分を好きになってくれる人が1人でもいれば十分ではありませんか？　あなたのことを心から信頼してくれる友人が1人でもいれば、それは本当にすばらしいことです。あなたが何人かの人から嫌われたとしても、どうということはありません。学校の先生は「みんなと仲よくしなさい」と言うかもしれませんが、それは不可能なのでやめたほうがいいです。社会学の研究で、1人の人間がつくれる「とても親しい関係」は、数人が限界であることがわかっています。

あなたと仲のいい人がクラスに数人いれば、それだけで素晴らしいことです。全員と仲よくなる必要もないし、何人かあなたを嫌う人がいて、それは当たり前のことです。

また、思春期あたりになると、「恥ずかしい」という気持ちが強くなり、自分からあまり話をしなくなる人もいます。そういう人にしてみたら、相手に喜ばれることをするなんて、とても恥ずかしくて無理、と思うかもしれません。

でも、相手に好意を持っていても、それを示さなければ伝わらないのです。アウトプットをしない限り、相手はあなたの心の中を読むことはできないのです。

人から好かれて嫌な気持ちになる人は基本的にはいないはずですから、相手に好意を持っていることを言葉や態度で示せば、相手から喜ばれ、好かれるはずです。

良好な人間関係を築いているとき、「愛情ホルモン」と呼ばれるオキシトシンが分泌されます。オキシトシンは、愛情を感じたとき、コミュニティに所属する帰属意識、安心感、友情を感じたとき、人に親切にしたとき、感謝したとき、人から親切にされたときにも分泌されます。オキシトシンは、「幸福物質」ともいわれ、「愛情に基づく幸福感」の元になる物質です。

つまり、良好な友人関係をつくることができれば、私たちは幸せになれる、ということ。「友だちなんかいなくてもいい」「孤独でもいい」という人もいますが、良好な友人関係、人間関係があった方が、楽しく、幸せに生きられることは間違いありません。

「良好な人間関係」は、勝手にできるものではありません。何もしないで待っているだけでは、人間関係がうまくいくことはないのです。

ですから、**人間関係においても、勇気を出して「自分から行動する」ということが、とても大切です。**

行動する11　ＳＮＳを上手に使う

最後に、今は欠かせないＳＮＳのコミュニケーションについて触れておきます。

10代の方の場合、一番問題となるのは、スマホやＳＮＳの使いすぎです。

ＭＭＤ研究所によるスマホ利用時間の調査によると、10代女性においてスマホ利用時間５時間以上の人は約50％。さらに、10時間以上使用する人が11％もいました。これはどう見ても、スマホ依存症が疑われます。

多くの人は、ＳＮＳで長時間交流すればするほど人間関係はよくなる、深くなると思っているかもしれませんが、それは間違いです。

あまりにも心理的距離が近すぎる、つまり濃密すぎる交流は、息苦しいだけではなく人間関係を悪化させることが心理学でわかっています。

心理学の法則に、「ヤマアラシのジレンマ」というのがあります。アニメ『新世紀エヴァンゲリオン』にも出てきますので、聞いたことがある人もいるでしょう。

寒い環境にいる2匹のヤマアラシが、寒いからお互いに温めようと思って近づくと、お互いの針が刺さって痛みを感じます。でも、離れると寒い。近すぎても傷つけ合うし、遠すぎても寒い。ヤマアラシは近づいたり離れたりを繰り返しながら、お互いに傷つかない、ちょうどいい距離を見つけます。

遠すぎると寂しいし、近すぎると相手を傷つける。人間関係には、適度な距離感が必要なのです。

仲のいいカップルが結婚した途端に喧嘩をするようになった、といった話をよく聞きます。結婚すると同じ家に住んで毎日顔を合わせるので、心理的距離が一気に縮みます。相手の悪いところや欠点も見えやすくなるのです。

SNSは上手に使えば心理的距離を縮める効果があります。非常に便利なコミュニケーションツールです。しかし長時間使いすぎると、「ヤマアラシのジレンマ」のように、むしろ人間関係がこじれたり、悪化したりする原因になります。

実際、仲のいい友人から「既読スルー」を指摘され嫌な気持ちになった。ささいな言葉の行き違いで喧嘩になった、という経験をしている人も多いはずです。

長時間やりとりすることが、「仲のいい友だち」ではありません。**親しき仲でも、ある程度の距離感を持って相手の時間を尊重し合うことも必要です。**

また、ＳＮＳで相手を縛りつける、支配するのはやめましょう。友人関係を壊す原因になります。相手を支配するというのは、相手に何かを強制したり、押しつけたりすること。「ＬＩＮＥは30分以内に返信すべき」というルールを相手に押しつけるのも、相手を支配することにつながります。

心理学者のアルフレッド・アドラーは、支配する、支配される関係を「タテの関係」と呼んでいます。友人関係は、互いに公平でお互いを尊重し合う「ヨコの関係」でなくてはうまくいかないのです。

つまり、支配する関係、「タテの関係」になっているとしたら、その関係はストレスを生み、早晩ギクシャクした関係になるのです。
「既読スルー」という言葉が何年か前に流行りましたが、移動中ですぐに返信できないときもあるし、お風呂に入っていれば30分、スマホを見ない時間もあるでしょう。
10分おきに相手にスマホを見ることを要求することは、あなたも10分おきにスマホをチェックしなくてはいけないということ。そうなると、勉強にも集中できないし、のんびりとお風呂に入ることもできなくなります。

SNSは、スキマ時間を利用してコミュニケーションができるところが便利なのです。10分おき、あるいは30分おきにスマホをチェックする生活は、もはやスマホに支配された生活であり、スマホの奴隷です。「楽しい」とは真逆。「息苦しい」「落ち着かない」「気が散る」と、悪いことだらけです。

ちなみに複数の研究が、**スマホやSNSの利用時間が長時間になるほど、私たちの幸福度は下がり、学校の成績も下がる**ことを示しています。スマホを長時間利用するほど、人間関係はこじれて、不幸になるのです。

脳や生活に悪影響を与えないスマホの利用時間は、１日１～２時間です。

スマホの通知をオンにしていると集中力が下がる。あるいは、スマホが室内に置かれているだけで、集中力が下がり、仕事や勉強の効率が下がる、という研究もあります。勉強中は、居間にスマホを置くなど、スマホを遠ざけることが、集中力を高めて勉強の効率を上げる・成績をアップさせる方法ともいえます。

ＳＮＳやスマホというのは、「リアル・コミュニケーション」、つまり現実のコミュニケーションの補完ツールです。現実世界あってのＳＮＳです。つまり、ＳＮＳを何時間もやる暇があるなら、30分直接対面で話した方が、人間関係は深まります。

10代の若者３～４人が同じテーブルに座っているのに、一言も話さずに、それぞれがスマホをやっている風景をカフェなどでよく見かけます。

もはや、「現実」と「ネット」の世界が逆転しています。現実世界とネット世界のどちらが大切ですか？　という話です。「現実」が主体であり、「ネット」は補助。「ネット」はあくまでも私たちの生活を便利にする「道具」なのです。

それが、ネットやスマホというのがあまりにもおもしろすぎるために、呑み込まれてしまう。それが、スマホ依存症であり、ゲーム依存症です。

スマホやＳＮＳ、ゲームもそうですが、無制限に使えば、1日5時間、6時間と使用時間が増えていきます。1日に使用する時間を制限することも必要でしょう。

あと、ＳＮＳでは「人の悪口を書かない」ことも重要です。悪口がどれほどよくないのかについては、97ページで既にお伝えしました。

ＬＩＮＥの数人の仲よしグループだから、「他の人は絶対に見ない」と思って悪口を書き合うこともあるかもしれません。

しかし、それは誰かがコピペすれば一瞬で流出するのです。クラス中にそれが知られたとしたら、あなたは「カゲで悪口を言う性格の悪い奴」というレッテルが貼られるでしょう。そうすると、もう取り返しがつかないのです。

ｔｗｉｔｔｅｒで大炎上する投稿。「バカッター投稿」とも呼ばれますが、もともと本人が投稿したものではなく、友人数人に向けてシェアした写真を、友人の誰かがおもしろがってｔｗｉｔｔｅｒに勝手に投稿したことが発端だった、という事件が実際に起きています。

SNSでの、悪口、誹謗中傷、ネガティブな投稿は、絶対にすべきではありません。

どういうわけか、他人に向けたネガティブは、いつか必ず自分に返ってきます。たったそれだけで、人生を棒に振る危険性すらあるのです。

それより、前にも話しましたが、ポジティブな発信に使うとすれば、SNSはとてもよいツールです。自分がどんな人間かをポジティブに伝え、また、誰かをほんの少しでも楽しい気持ちにさせるアウトプットに使うなら、SNS以上に身近で便利・有効なものはありません。

あなたの小さなアウトプットが周囲をほほえませ、それがもしかしたら世界を変える可能性さえあります。

自分のため、大切な人のため、そしてもしかしたら世界のためになる。

アウトプットをぜひ、今日から実践してみてください。

さいごに

アウトプットの重要性を理解できましたか？

「話す」や「書く」は、普段から当たり前に行っているので、それが大切だということを意識する人は少ないのです。「話す」「書く」「行動する」、その方法を少し変えるだけで、「うまくいかなかった」ことが、「ものすごくうまくいく」ようになります。

友だちができる。友だちとのコミュニケーションがうまくいく。

勉強が楽しくなる。学校の成績がよくなる。

人前で堂々と話せるので、面接にも有利。

社会人になってからも圧倒的に有利。

いいことだらけです。これが、すべて「アウトプット」で手に入るのです。

10代のうちに本書を手にしたあなたは、ものすごくラッキーです。ほとんどの人は、社会人になって職場の人間関係で苦しんだり、仕事で失敗が続いて悩んだり、大きくつまずいてから、「ビジネス書」や「自己啓発書」を読み始めます。20代、30代になって、「学校の勉強」とは違う「自分の勉強」をスタートするのです。

本書を読んで、アウトプット力を身につければ、受験や就職に圧倒的に有利です。そして社会人になってからも、圧倒的なアドバンテージで仕事をスタートできます。

ぜひ、本書を読んだだけで終わるのではなく、できることを一つずつ実行する。アウトプットを実践することで、アウトプット力を伸ばしてほしいのです。

アウトプット力は、あなたの人生において「最強の武器」になることは、間違いありません。

そして、本書を通して、私が皆さんにもっともお伝えしたかったこと。

それは、**「一歩を踏み出す勇気を持とう」ということ**です。

「失敗して傷つきたくない」「人から嫌われたくない」と、自分から行動しない。行動が消極的な人が非常に多いです。

もちろん、行動を起こせば、「うまくいかない」「失敗する」こともあるでしょう。でも、一歩踏み出さないということは、宝物も手に入らないということなのです。

コンフォートゾーンの外にこそ、感動的な体験や素晴らしい出会いがあります。少しだけがんばればそうした宝物が手に入るかもしれないのに、最初から諦めてしまうのはもったいない。心配ばかりしても、何も生み出すことはできません。

テレビや雑誌を見ても、ネガティブばかりが強調されます。よく「少子高齢化の日本の未来は暗い」などといわれますが、それは一面的な見方にすぎないと私は思います。

国内の人間が減るなら、海外に向けて商品を売ればいいだけです。今の時代は、インターネットがあるので、日本にいながらにして、いくらでも海外に商品を売ることが可能です。あるいは、「本当に日本の未来がない」と思うのなら、日本企業に勤めず海外に出て、海外で仕事をするという選択肢だってあります。

幸いにも、インターネットの発達によって成功のチャンスは大きく広がりました。

たとえば、「小説家になりたい!」と思っても、昔は小説家になりたければ大手出版社の「文学賞」に応募するくらいしか、新人デビューする方法はありませんでした。しかし、今は自分の小説をアップする投稿サイトもあるし、そこで人気が出て出版した人が何人もいます。そして、実際にそこからベストセラーが何冊も出ています。

「ミュージシャンになりたい！」と思えば、自分の動画をYouTubeに上げればいい。それがバズれば、プロデビューも十分にあり得ます。

もちろん実力は必要ですが、誰でもネット上に上げることで多くの人に見てもらい、「質の高いもの」は評価してもらえる。これは画期的なことです。

一昔前は、一流大学を出て一流企業に入ることが成功といわれていました。しかし今は、インターネットの時代。高卒でＩＴ企業の社長になっている人もたくさんいます。学歴なんか関係ない。ただし、情熱、行動力、アイデアは必要です。

今は手持ち資金がなくても、銀行から借金をしなくても、いいアイデアさえあれば、クラウドファンディングで資金調達して事業が始められる時代です。

日本に住みながらも、海外に商品を販売したり、海外と取り引きすることも簡単にできます。「日本の経済が悪い」は、関係ないのです。

私が高校生の頃と比べると、自分の才能で勝負したり、社会で成功したりするチャンスは１００倍、いや１０００倍以上に広がっているのです。

なのに、なぜか若者の多くは、未来を悲観的に考えます。

それは、多くの大人が、ものごとのいい面よりも、悪い面、ネガティブな面に注目するからです。

テレビでも、不安を煽るような暗いニュースばかりです。特に今はコロナ禍にありますから、将来に明るい希望を持てなくなるのも当然かもしれません。

ただ、もう少し長い目で見てみれば、ものごとの別の面も見えてくるはずです。

世の中は、進歩すればするほど便利になっています。インターネットをはじめ、AI（人工知能）、VR（仮想現実）、ロボット、自動運転などの新しいテクノロジーは私たちのチャンスを無限に広げています。地域、民族、言語の壁を超えて世界中がつながるようになりました。また医療技術の進歩は、私たちの寿命を伸ばし続けています。「AIが進化したら、人間の仕事が奪われてしまう」と心配する人もいますが、その反対に、今までなかった職業やサービスもまた新しく生まれてくるのも、間違いないのです。

そんな新しい時代を生きるための、「新しい発想」を生み出していくのが、皆さんのような若い人たちです。そして、そのときに求められるのが、創造し発想して、それを伝える力、発信する力、行動する力。つまり、アウトプット力です。

そして、ものごとのよい面、ポジティブな面に目を向ける力も必要です。自分の人生をネガティブに生きるか、ポジティブに生きるかは、自分で決められるのです。

これから、時代はさらに大きく変わっていくことでしょう。

この激動の時代に、自分の考えを「形」にする能力や、それを人に伝える能力、そして行動する力を磨いた人には、大きなチャンスが訪れるはずです。

アウトプット力は、私たちの「生きる力」になるでしょう。そしてその力があなたの人生を形づくっていくことになります。

その反対に、怠けていたり、インプット型の学びだけで満足していたり、あるいはネガティブな行動を続けていると、かなり厳しい未来が待っているかもしれません。多くの未来予測は、「富裕層」と「貧困層」の二極化を予測していますから。

変化の大きな時代に「何もしない」ことは、現状維持ではなく、マイナスになってしまいます。こうしたことに気づいている人は、まだ多くありません。

本書を手に取ったあなたは、気づいたはずです。

これからの未来は、悲観すべき未来ではない。無限の可能性が開けていると。これは、大きなアドバンテージです。大人も子どもも、9割以上の人は気づいていません。

そしてあなたは、「無限の可能性」を現実にする方法を、既に学びました。本書で紹介したアウトプット術です。

あとは、本書の内容を「一歩を踏み出す勇気」を持って実行していくだけです。

アウトプットのトレーニングを一つ一つ実行してください。

アウトプット力を磨くことで、あなたの自己成長が飛躍的に進み、人間関係が豊かになり、自己実現が叶って楽しく幸せな人生を送ることができるのです。

そんな未来を、心から願っています。

2021年3月

精神科医　樺沢紫苑